BEETHOVEN ENXERGOU O LUAR

Andre Naves

Beethoven enxergou o luar

Meditações para viver bem!

ALTA BOOKS
GRUPO EDITORIAL

Beethoven enxergou o luar

Contra o Vento é uma empresa do Grupo Editorial Alta Books (STARLIN ALTA EDITORA E CONSULTORIA LTDA).

ISBN: 978-65-83604-25-5

Impresso no Brasil — 1ª Edição, 2025 — Edição revisada conforme o Acordo Ortográfico da Língua Portuguesa de 2009.

Dados Internacionais de Catalogação na Publicação (CIP)

N323B

Naves, Andre.

Beethoven enxergou o luar: Meditações para viver bem! / Andre Naves

São Paulo: Editora contra o Vento, 2025.

192 p.; 14 x 21 cm

ISBN 978-65-83604-25-5

1. Diário 2. Paz 3. Meditação

CDD 200

Produção Editorial: Grupo Editorial Alta Books
Diretor Editorial: Anderson Vieira
Editor da Obra: Eduardo de Proença
Vendas Governamentais: Cristiane Mutüs
Gerência Comercial: Claudio Lima
Gerência Marketing: Andréa Guatiello

Copidesque: joana da Silva
Revisão: Claudia Montico
Diagramação: Luana Vulcano
Capa: Victoria Cristina Eduardo

ALTA BOOKS
GRUPO EDITORIAL

Rua Viúva Cláudio, 291 — Bairro Industrial do Jacaré
CEP: 20.970-031 — Rio de Janeiro (RJ)
Tels.: (21) 3278-8069 / 3278-8419
www.altabooks.com.br — altabooks@altabooks.com.br
Ouvidoria: ouvidoria@altabooks.com.br

Editora
abdr
ASSOCIADO CBL Câmara Brasileira do Livro

"O segredo da Verdade é o seguinte: não existem fatos, só existem histórias..."

João Ubaldo Ribeiro

Prólogo

Enxergar é perceber a Beleza com a Alma!

A Alteridade é uma noção fundamental quando almejamos uma saúde mental adequada e significa enxergar no outro não apenas alguém diferente de nós, mas também alguém que pode contribuir para o nosso próprio crescimento e realização pessoal. É perceber que ao conviver com pessoas diferentes, aprendemos e nos enriquecemos enquanto indivíduos.

Quando enxergamos alguém com os olhos da alma, vamos além da simples visão física. Estamos reconhecendo o valor humano presente em cada pessoa. Enxergar dessa forma é sentir mais que empatia, é se importar com o outro e valorizar sua individualidade e perceber o outro como a chave para o auto-enriquecimento.

Nossa individualidade só se concretiza no outro, na coletividade!Alteridade é isso, se alterar pela experiência da convivência. A diversidade é um conjunto plural de pessoas com características, origens e experiências distintas. É importante reconhecer essa diversidade e respeitar as diferenças entre as pessoas.

Apesar de tudo, só a diversidade não é o suficiente. Precisamos garantir a inclusão, ou seja, trazer todas essas pessoas para posições de destaque e protagonismo. Ao promover isso, além do aprendizado mútuo, a alteridade possibilita que cada pessoa compartilhe suas experiências e práticas, enriquecendo o todo.

Cada indivíduo tem algo valioso para oferecer, e é por meio da colaboração entre as diferentes individualidades que o progresso acontece. Ao valorizarmos a diversidade, trabalhando em conjunto, temos a oportunidade de construir caminhos para o sucesso e criar uma sociedade mais justa. Esse é o espírito da coletividade: a exaltação das individualidades, unidas, para construir estruturas sociais sustentáveis, inclusivas e justas.

Vivemos em uma era maravilhosa de inovação e avanços tecnológicos, em que a inteligência artificial assume muitas tarefas técnicas. No entanto, a criatividade e a inovação continuam sendo atributos exclusivos dos seres humanos. A essência criativa da humanidade não pode ser reduzida a algoritmos.

A inclusão é essencial para o progresso social! Ela impulsiona a criatividade e as habilidades de interação entre as pessoas. Para construirmos uma sociedade sustentável, inclusiva e justa, é necessário que todos colaborem com esse propósito. Assim, juntos, podemos criar estruturas sociais que valorizem a diversidade, promovam a inclusão e permitam que cada pessoa seja a protagonista de sua própria história.

Sumário

Família e Memórias

Enxergar o outro, perceber com a alma, para juntos construírem os melhores caminhos possíveis. Para sorrir, devemos perceber que nossa individualidade só se torna completa quando plenamente inserida na coletividade.

Ou seja, as características mais individuais de cada um, tudo aquilo que é da nossa personalidade, só faz sentido quando se encaixa nos outros. Parece um quebra-cabeças, em que cada pecinha se liga às outras para formar uma imagem muito mais bela. Aristóteles já pensava nisso quando dizia que o todo é maior que a soma das partes, então nenhum de nós é tão bom quanto todos juntos!

Mas, também, a realidade é tão concreta quanto aquele barro em que pisamos todos os dias. Ninguém constrói um bom caminho só com ideias, pois por melhores que elas sejam, elas não alteram a realidade. Dizem, inclusive, que as melhores ideias nunca mudam o mundo: elas trazem novas maneiras aos indivíduos que, por sua ação, acabam por edificar novas estruturas sociais.

Querem um exemplo?

O livro de receitas da Dona Benta pode ter as melhores gostosuras do mundo, mas para que as receitas saiam das páginas e venham para nossos pratos, é preciso do trabalho de quem cozinha, de quem consegue os ingredientes, de quem dá palpites...

Aliás, o palpiteiro é fundamental para que o trabalho da cozinha fique legal! Ele fica lá, nunca cozinha, mas corneta tudo. Conta piadas, reclama, conversa, dá dicas (boas e furadas). No fim, ele transforma o trabalho da cozinha, de uma solidão individual, para um sorriso coletivo.

Será que o palpiteiro não cozinha?

Será que ele cozinha de outra forma? De uma maneira nova que desafia nossos preconceitos individuais? Que desconstrói o individualismo de todos nós?

O individualismo é a doença da individualidade, sempre que essa é contaminada pelo vírus do egoísmo e pela sujeira do narcisismo. É o contrário da individualidade, que ganha novos perfumes com cada laço coletivo. Ele bombardeia e destrói os vínculos coletivos. Ele constrói pontes provisórias baseadas no lamaçal do desejo e do interesse.

O individualismo gera solidão. As relações humanas acabam por se tornar coisas e instrumentos: elas só valem a pena, segundo o individualismo, enquanto interessantes para os objetivos egoístas.

A individualidade, quando deformada pelo individualismo, vira interesseira. É por isso que precisamos, a todo momento, descer às catacumbas de nosso "eu", para entender nossos pontos fortes, nossas falhas, e a necessidade dos outros para que nossa identidade ganhe maiores cores.

Dizem uma grande verdade: Que "é junto dos bão que se fica mió"! Mas é junto mesmo... É conviver!

CONVIVER!

Construir pontes duradouras, caminhos floridos, estradas cheias de árvores...

E qual a melhor escola para o ensino da arte da convivência, se não a família?

Ela é igual a uma feijoada: pertences, feijão preto, arroz, couve, laranja, banana empanada... Até alguns mais inovadores como as feijoadas veganas, a batatinha-frita... E nenhuma feijoca é completa sem uma boa cachaça, uma caipirinha e um samba!

Cada ingrediente isolado é tão diferente dos outros. Alguns, nem de comer são, mas fazem a experiência valer muito mais a pena! Sem uma batucada, o sabor não é o mesmo!

Ou seja, cada pessoa ganha um sabor especial da família. E é bom que se diga, parente é quem sente o coração bater juntos, não importando a distância ou o tempo. Família é com que nosso coração bate...

COMBATE!

Ernest Hemingway dizia que quem está ao nosso lado nas trincheiras importa mais que a própria luta. Essa é a família: quem combate ao nosso lado nas trincheiras da vida.

Mas falar de uma ideia de família que fique só no mundo da imaginação é tão artificial quanto aqueles sucos de pozinho... É necessário, para mostrar a família como academia de convivência e transmissão de saberes, falar da minha experiência concreta e real...

A minha família. A nossa família!

1

Dinheiro na minha mão é vendaval!

A genialidade está espalhada por toda a humanidade. Parece até uma assinatura de quadros; desde o DNA ela está lá, em todo ser humano. Mas o interessante é que ela só se realiza na coletividade.

Lembra de um quebra-cabeças? Cada pecinha se encaixa na outra e, juntas, montam uma imagem que faz bem mais sentido. Cada pecinha solitária, por mais bonita que seja, não se compara a todas elas juntas! A genialidade humana é assim! Ela só se ativa no coletivo! Somos gênios quando juntos!

E é sempre bom reconhecer que, quase sempre, gênio é quem cumpre seus deveres mais comuns. A genialidade é trabalhar, comer, sorrir, mas, acima de tudo, compartilhar.

Todas as nossas falhas são resolvidas nos pontos favoráveis dos outros... Pra começo de conversa: será que sobrevivemos sem os outros? A Individualidade só existe na Humanidade, e vice-versa.

Como uma vez, estávamos, uns amigos, minha mulher e eu, em um sarau curtindo as obras de Jacob Gershowitz. Ele era um estadunidense, filho de imigrantes judeus russos, de Nova York, conhecido como George Gershwin. A música dele, junção de música clássica, jazz e ritmos populares, abriu as cortinas dos teatros para os grandes musicais...

Quem poderia imaginar? Um judeuzinho russo franzino juntou tudo que estava ao alcance das mãos e plantou sementes de sorriso, poesia e muito trabalho! Um verdadeiro herói americano!

O mais interessante, a genuína obra poética, é que nada se realiza sem a orquestra, os cantores e atores, os figurinistas, maquiadores, contra-regras e toda essa maravilhosa turma que cultiva alegria e colhe felicidade!

Então, após o sarau fomos jantar. Sabe como é, né? É sempre gostoso prolongar o prazer das artes numa mesa farta, com muito vinho. O chato é a conta...Ela sempre chega! Na verdade, eu até gosto dela por ser a artimanha da coletividade mostrando que vivemos uns nos outros. Juntos!

Chegou a dita cuja. Eu paguei. A Ana Rosa (minha mulher) me perguntou quanto tinha sido. Vocês acreditam que eu não sabia? Eu estava tão entretido na conversa, que nem me atentei... Eu não falei que dinheiro na minha mão era vendaval? Pois é!

E isso é muito frequente! Eu não sei mexer com dinheiro! No meu ritmo isolado, a sarjeta e a miséria seriam os destinos finais. Ainda bem que eu casei com a Ana Rosa! Ela é uma guardiã severíssima dos meus tesouros. É mais fácil decifrar os enigmas da Esfinge do que tirar dinheiro dela. Eu adoro a sensação de segurança, sempre que quero um milho na praia preciso pedir um PIX para ela.

Eu entendo e admiro a relação dela com o dinheiro mas, mais do que tudo, com o trabalho. A história familiar dela explica muito disso. Seu bisavô foi ativo membro da Resistência contra o tirano Franco.

Após ser fuzilado pelo fascismo, sua bisavó e seu avô fugiram para uma longínqua terra com palmeiras onde canta o sabiá. Chegaram aqui sem nada, apenas com farrapos, preconceito e medo. Mas, aos poucos, com disciplina e persistência, a educação e o trabalho suavizaram as barreiras do refúgio.

É até difícil acreditar! A Espanha, de tanta beleza, Sol e alegria, onde as noites são mais claras e há luz e energia, também foi um pântano fétido cheio de um lamaçal odioso que borbulhava iniquidade, exclusão e violência.

Ainda bem que as trevas já se dissiparam e a Luz voltou a orientar aquela terra. Não é engraçado que antes de Mariana Pineda e Garcia Lorca, que antes mesmo de Miró e Picasso, pensamos nas touradas, no flamenco e na paella? É o gênio popular!

O nascimento da paella foi assim... Na verdade, eu não sei se foi mesmo, mas é uma lenda bem poética, e sendo assim, deve, em alguma medida ser verdadeira. Numa pequena comunidade de pescadores ao sul de Almería, os homens pescavam e as mulheres cantavam. Numa expedição pesqueira, entre peixes, Sol e sal, os homens resolveram homenagear as mulheres com uma bela zarzuela.

Juntariam, assim, as belezas do mar, do ar e da terra, num prato que deveria ser compartilhado com música, festa e danças. Tudo isso para elas, "Paella"!

2

Confissões de um apaixonado!

Sou apaixonado por futebol! O jogo tão popular, que demonstra as contradições de todos nós. Desperta o melhor e o pior em cada um, e reflete, no campo, as dores e as delícias de nossa existência.

Sou apaixonado por esportes em geral! A apoteose da disciplina, o ápice da perseverança e as potências da alteridade fazem parte da essência do jogo, refletindo uma metáfora da própria vida.

No entanto, o que mais me atrai é a derrota. Cair não é problema, desde que sempre tenhamos disposição para levantar e continuar. E quem disse que a derrota é uma queda? Perder não é problema nenhum! As lições que podemos aprender com as dificuldades são preparo para nossos próximos passos.

Meu pai me ensinou tudo isso; nunca desistir e tirar o suco doce da fruta amarga da contrariedade. Ele também me ensinou a amar o São Paulo, algo interessante porque, desde que nasci, minha alma sempre foi palmeirense. Talvez pela cor verde, pelos porquinhos, periquitos ou pela influência dos meus primos... Não sei. Só sei que hoje sou são-paulino e palmeirense, caso raro no mundo.

Eu até conheço várias pessoas que torcem para esses dois times, mas, em geral, quando isso acontece, a verdade é que elas não torcem para ninguém. Elas nem gostam do jogo, vamos ser sinceros... Eu gosto bastante de futebol e sou igualmente apaixonado pelo São Paulo e pelo Palmeiras!

Essa característica única faz parte da minha individualidade. É um traço da minha essência, parte de quem eu sou.

E, ainda que eu não perceba, ela determina várias atitudes minhas!

Vou te dar um exemplo: todas as minhas ex-namoradas são palmeirenses. É lógico que eu conheci várias moças inteligentes, interessantes e bonitas que torciam para outros times (ou, às vezes, nem torciam). Por que será que só namorei palmeirenses, então? Não sei.

Preconceito? Claro que não! É uma questão que não passa pelas luzes da minha consciência. Ela está escondida nos cafundós do inconsciente, mas determina as minhas atitudes mais concretas. São os aspectos despercebidos da minha individualidade que plantam esse tipo de ação.

Atualmente, o povo gosta de chamar isso de "viés inconsciente". É um pedaço da minha identidade que inclina, sem que eu perceba, minhas escolhas. Ninguém faz isso por mal, mas é um mecanismo natural da nossa personalidade.

Voltando ao exemplo: hoje em dia sou casado com a Ana Rosa, uma palmeirense. Nós acabamos morando pertinho do clube Palmeiras, onde faço minhas caminhadas quase todas as manhãs.

Conscientemente, a gente não escolheu isso. Até dá a impressão de que a vida foi nos trazendo para cá. Mas não, nossos inconscientes foram responsáveis por moldar nossos passos até aqui.

Ou seja, nossas individualidades são determinantes de nossos atos: ser quem somos traça, sem que percebamos, nossos caminhos. E esses atos e caminhos individuais são os pedaços de nossas estruturas sociais. Resumindo: nossos inconscientes nos levam a estruturas sociais mais ou menos inclusivas e justas.

Quando nós não temos consciência das causas que nos levam à exclusão social, não podemos fazer nada mesmo. É por isso que, todos os dias, todos nós temos que mergulhar nas profundezas da nossa personalidade para jogar luzes em nosso inconsciente.

Só com conhecimento de nós mesmos, poderemos construir uma sociedade estruturalmente inclusiva e Justa!

3

Oi Pai...

Oi Pai,

Já faz tempo, não é?

Na verdade, o tempo é como um cavalo no jóquei. Nunca sabemos se ele é rápido ou demorado. Só depois da corrida que temos uma vaga noção. Nesse instante, as névoas da confusão parecem clarear.

Mas, como dizem, "neblina que baixa é Sol que racha"! O excesso de luz e calor também embolam tudo. Uma nova corrida chega, e com ela as incertezas sobre o cavalo mais rápido voltam ao novelo das dúvidas; as perguntas, como trapos e remendos, voltam a gerar desconforto...

Um trapo remendado em uma calça; o Tempo; a harmonia está em achar o equilíbrio de tudo que não combina! Lembra do macarrão da vó Tereza? Esperar ele ficar pronto parecia demorar. Mas quando ele ficava pronto, desaparecia num piscar de olhos.

Muito ou pouco tempo? Será que são os ponteiros que marcam o tempo, ou será que é nosso coração?

Já deve ter uns 30 anos que não como a macarronada da vó, mas ela ainda está aqui comigo. Eu vejo tudo misturado na panela, sinto o cheiro; o gosto ainda se encontra em minha língua e meus beiços seguem sujos daquele molho delicioso.

Sabe o mais legal, pai? Eu consigo ouvir a voz da tia Mara te chamando, "Francisquinho!". A voz da tia Julinha está comigo, "Francisquinho, pare com isso!". A vó Tereza também, "Francisquinho...".Será que faz tempo, ou será que é agora?

Ontem, o São Paulo ganhou a Copa do Brasil; foi tão legal, tão emocionante, um belo espetáculo de 180 minutos, como se diz. Parecia que o destino queria compensar nosso último jogo juntos quando, naquele quarto do hospital, vimos o Tigres descer para o intervalo e não voltar mais. Uma vitória pela metade, nem parecia que éramos campeões.

Ontem não, pai! Tudo começou semana passada, o Maracanã parecia uma fornalha rubro-negra. E assim como o papa e o Ghiggia, nós também conseguimos calar o Maraca! Foi uma onda tricolor, só 1 a zero, sublime, simpático e elegante!

Ontem foi aqui no Morumbi. O clima fora de campo estava até refrescante quando comparado com o calor de dentro! O coliseu tricolor! Ficamos no 1 a 1; suficiente e eficiente! Parecia até o São Paulo do Telê. Será que não era?

Não tem um dia que eu não te mande mensagens, pai. Elas seguem pelo éter e os perfumes poéticos, sonhados tantas vezes, confirmam sua chegada. Já são vários anos, pai, mas você ainda está aqui comigo.

Seus exemplos, as lições dadas pelas palavras são carcomidas rapidamente pelos carunchos do esquecimento. As transmitidas pelo exemplo resistem ao cupim do tempo, e germinam em possantes árvores. As das palavras são como plantações no deserto! As dos exemplos, amazônicas!

Eu só sou são-paulino devido aos exemplos dados. Você poderia ter feito discursos mirabolantes, iguais aos do Odorico Paraguaçu, que eu continuaria palmeirense. Pra ser bem sincero, eu tenho grande simpatia pelo Palmeiras. Mas torcer, torcer mesmo, eu torço pelo São-Paulo!

Lembra? Parece que foi ontem que estávamos no Center Vale. Na época nem tinham outros shoppings em São José. Passando pela loja de esportes, eu, ainda incauto e tomado pelos devaneios infantis, pedi uma bola do Palmeiras.

Você entrou naquela loja, saiu com uma bola do São Paulo, e deu para o Fernando e para o Lu. Depois daquele dia, era minha mais feliz obrigação assistir aos jogos do São Paulo ao seu lado. Será que eu seria são-paulino se você só falasse e nunca praticasse?

Será?

São Paulo, 25 de setembro de 2023.

4

Dona Armênia

Posso tomar a liberdade de te fazer uma pergunta?

Será que minha mãe chama D. Armênia? Vamos deixar essa reflexão um pouquinho mais complexa? Será que importa? Se ela é a Dona Armênia, qual a importância do nome?

Você lembra dela? Era uma personagem da Aracy Balabanian na novela "Rainha da Sucata". De tanto sucesso que fez, devido à sua graça e carisma, ela até apareceu em uma outra novela...

Elas sempre cuidavam dos 3 filhos, amavam-nos demais, mas não perceberam que o tempo havia se deslocado na ciranda da vida. Crianças viram adultos e abandonam os velhos hábitos pueris.

Ambas criavam situações inusitadas e cheias daquela graça involuntária que existe em todo comediante essencial. Isso, minha mãe é uma dessas humoristas acidentais, cuja especialidade é trazer o sorriso para o mundo.

Na hora, a raiva chega e eu fico nervoso sempre que ela fala da minha barriga, que eu preciso emagrecer, ser educado e me vestir melhor. É desaforo! Sempre tem uma mesa farta de pães, doces e bolos, então é claro que eu vou comer tudo e um pouco mais! Mas depois de alguns momentos, como um fósforo que acende e queima numa grande chama para logo depois apagar, acho graça. Sorrio.

Ou quando ela aparece com uma maquininha dos tempos da onça, comprada há mais de 30 anos, para verificar a glicemia da casa toda. E depois, aquela cara de desentendimento e quase decepção quando está tudo em ordem.

E os convites para as viagens? Vamos para a Turquia, André! Seu sonho não é conhecer a casa de Maria? E a praia? É só dessa vez... A vida é agora! Toda vez é a mesma coisa. Eu já expliquei para ela que não suporto a sensação da areia e da água salgada.

Não sei de onde ela tirou esses sonhos. Mas eu tenho um sonho sim, ficar confortável e tranquilo aqui em casa. Sabe a verdade, mãe? Eu não gosto de aventuras. Eu gosto da rotina. Não se vive o agora sem a tranquilidade de um futuro seguro. As festas das cigarras não sobrevivem ao inverno sem o trabalho das formigas!

Eu gosto de acordar cedo, fazer meus exercícios e caminhadas, saber que quando voltar para casa eu terei outro café para tomar, frutas e pães para comer. Depois, tomar banho e trabalhar!

Meu maior sonho é esse: uma vida segura, sossegada, tranquila!

Acho que ela é igual a mim... Na verdade, eu que sou cópia dela. É que uma vez, um dos pontos altos naquela vida cômica não intencional, ela se sentou na mesa com um ar muito grave.

Ela precisava falar muito sério com a Ana Rosa e comigo. Muito sério; cara fechada.

Será que alguém morreu? O que teria acontecido dessa vez? O que eu teria feito?

"Ana Rosa, eu tenho uma mágoa enorme de você. Não sei se algum dia superarei... Logo que vocês se casaram, fui passar alguns dias lá em São Paulo. Coisa absurda! Nunca fui chamada para lavar o banheiro com você! Eu tive de ficar lá, sentada, igual visita... Igual uma convidada...

CON-VI-DA-DA!"

P.S.: Muito provavelmente, esse texto vai gerar uma série de dramas e muitos risos!

5

Sapos Saltam, Saudades Sussurram, Sonhos Sopram

As aventuras genuínas são aquelas da infância! Crescem num mundo de imaginações e devaneios e florescem em sonhos que sopram por toda a vida. A brincadeira de criança, adubada pelos pensamentos diáfanos, é o primeiro banco escolar da vida infante.

Os sonhos pegam as crianças pelas mãos e as levam a patamares novos de esperança e sorriso. O mais interessante é que algumas ilusões, as mais coloridas, parecem tão reais que a criança passa a acreditar nelas.

Não há mentira para a ingenuidade infantil! É tudo uma questão de perspectiva.

Assim como eu amo as aventuras das crianças, não gosto das dos adultos. É que, passados os anos, uma vida instável denota falta de planejamento. A vida há de ser leve como o vento, mas jamais caótica como a tempestade.

É o equilíbrio!

Claro que algumas pedras aparecem no curso do rio da vida, mas elas podem ser vistas como novos ventos dados para que possamos tomar novos rumos. Dizem que sempre que contamos para Deus nossos planos, ele gargalha.

É que o Onisciente sabe que dificilmente nossos planos saem nos trinques. Novos desafios sempre aparecem, e é nosso dever buscar a adaptação de tudo quanto planejado. Por isso, imagino que quem não sentiu o sopro dos sonhos quando criança costuma ter uma vida longe da música harmônica das regras e das rotinas.

O aventureiro velho, o adolescente tardio, o inconstante, é como uma música dodecafônica: encontrar a beleza no meio de tanto improviso é mais difícil. Isso pode até acontecer, mas não é o comum; de vez em quando, uma flor bonita nasce no meio de um jardim descuidado e tomado pelas ervas daninhas.

Ou seja, o aventureiro rugoso nunca tem aquela lembrança que desabrocha em poesia e sussurra saudades. Seus sonhos não são aquelas brisas deliciosas que refrescam nossos sorrisos à beira-mar. Não! São tão caóticos e inconstantes quanto o mar tempestuoso e de ressaca.

Desconfio que é por isso que o alicerce da boa vida seja a idade primeira. É que as bases devem ser assentadas sobre solo firme, rochoso e estável, para que os valores sólidos sejam construídos, produzindo uma colheita farta e alegre.

E as aventuras infantis fazem parte desse solo adequado e estável. Os sonhos das crianças são como a rocha sobre a qual se deitam as fundações da felicidade. E de onde nascem os devaneios?

Eles vêm da família carinhosa, dos afetos e da segurança proporcionada pela melhor ternura. Vou resumir bem: criança precisa de beijo! Ela precisa ter a certeza do amor familiar!

É sabendo de seu porto seguro estável que ela se sente livre para explorar novos portos venturosos e imaginários. E é nessa busca brincante, orientada pelo sol familiar, que elas vão aprendendo os princípios que levam ao sopro dos sonhos chamado vida.

A vida é isso, não é? É olhar para trás, ouvir os sussurros das saudades e seguir os sopros dos sonhos.

Se algum dia eu tiver a oportunidade de conversar cara a cara com o Criador, quero agradecê-Lo por tantos frutos saborosos que nascem e orientam meus caminhos. Eu iria olhar bem fundo em Sua alma e mostrar o quanto sou feliz pelas sementes dadas.

Mas sou uma pessoa como qualquer outra... Eu ia pedir e perguntar: Onde fica a terceira margem do rio, Altíssimo? Você me ajuda a encontrá-la, por favor?

É lá, nesse éter onírico, de tanta poesia e memória, de tantas cores e sorrisos, que florescem as saudades de todos nós. Vocês já pensaram onde nascem as saudades? É de lá.

E naquele momento eu colheria os doces frutos saudosos... E o Pai daria tapinhas em meus ombros e falaria sorrindo: "Filho, a terceira margem do rio, sua Pasárgada, sua utopia, sempre estiveram com você! Desça aos cafundós da sua alma para encontrá-las. Mas nunca se esqueça: saudade boa nunca se sente na solidão!"

Então eu veria os sapos saltando aprisionados naquela gaiolinha improvisada...

Foi numa dessas férias, quando eu ainda sentia o leve e suave som de toda uma vida pela frente. Todos estávamos lá: meus irmãos, primos, tios e pais.

Após uma chuva de verão, os sapos pareciam brotar da grama. Impressionante! Meu irmão deu a ideia e eu, como de costume, segui. Fomos em uma expedição naquele mar verde de plantas e lama... Um a um, resgatávamos os sapos!

Coitados! Debaixo da chuva e desamparados, pensávamos. Desconhecíamos, naquele tempo de calças curtas, os segredos misteriosos da biologia. E improvisamos, numa lareira sem uso e antiga, uma pequena jaula onde eles ficariam a salvo até o sol voltar a brilhar num novo dia.

Mas sapos saltam... No meio da noite conseguiram escapar daquelas masmorras salvadoras e foram direto ao quarto das minhas primas pedir socorro. Sapos e garotinhas não costumam combinar.

Foi uma confusão boa, uma aventura deliciosa, pegar aquela turma que pula e soltá-los na chuva.

Esse mesmo irmão tocou guitarra para mim quando eu, saído das trevas de um coma, lutava para me recuperar... Graças a ele voltei a andar. A verdade é que ele continua aprontando das suas!

Mas sem novas aventuras: agora, ele observa com cautela, medita com afinco e age com precisão.

6

Nipônicos e Sarracenos

Jacareí é uma cidade peculiar. Lá, como dizíamos na minha juventude, quem não é japa, é turco. Os grupinhos de amigos sempre continham vários nipônicos, muitos libaneses, diversos imigrantes, todos juntos e misturados.

Essa boa convivência fazia com que o amor à diversidade cultural fosse natural. Lá comíamos as coisas mais diferentes, ouvíamos idiomas, nos encantávamos com as músicas e festas.

E dessa misturança toda surgiam novidades interessantes (e, às vezes, nem tanto). Esfiha e frango agridoce; jantar árabe com música japonesa; churrasco japonês feito por italianos.

Até nos esportes tínhamos algumas curiosidades. Nunca vi "Gētobōru" fora de Jacareí. Dizem que é comum no Japão, mas duvido que eles joguem com o nosso sotaque.

Falando em sotaque, uma vez um grupo de estudiosos japoneses foi a Jacareí estudar o japonês que ainda se falava em alguns pontos de lá. É que o idioma, como toda expressão cultural, é um corpo em evolução: é o povo que define, em última análise, a norma culta.

Lá no Japão, o idioma tinha se desenvolvido de uma maneira, com o gosto da globalização. Já em Jacareí, ele estava restrito a algumas poucas comunidades. Era como se tivesse tomado banho em saudades!

Saudades tão brasileiras.

Os linguistas japoneses foram para Jacareí fazer uma arqueologia do idioma. Eram os Indiana Jones das palavras: tesouros, relíquias, um idioma que não era mais falado lá, mas que tinha sido adubado por nossa gente.

É dessa mistura que nasce a beleza.

Meu irmão foi extremamente influenciado pelos saberes nipônicos. A verdade é que, como todos em Jacareí, os perfumes das diversas tradições japonesas, chinesas, libanesas, sírias, italianas e caipiras se mesclaram num aroma doce que trazia novas cores à sua alma.

Hoje em dia ele é monge zen-budista. Isso é muito interessante, já que, assim como Jacareí, ele também tem suas peculiaridades, complicações e contradições: um monge que trabalha no carnegão financeiro de São Paulo, a Faria Lima.

Desde pequeno já tinha essa inclinação para a conciliação e para a amizade. Da mesma maneira que é natural para nós sorrir ao adentrar nos caminhos dos sonhos e das memórias, para ele era construir os alicerces da simpatia e da harmonia.

Foram várias as vezes em que ele, pequenininho ainda, começava a se enturmar e liderar brincadeiras nas nossas viagens.

Eu estudava, na época, numa escolinha infantil, o Trapacinha. Ele ia me visitar lá e, com toda a doçura infantil, conciliava a união entre as rodinhas de crianças que, frequentemente, rivalizavam nos jogos.

Quem, por instinto, tem essas atitudes está, de certa maneira, predestinado a um sacerdócio em favor da concórdia humana. De algum jeito, a pluralidade jacareiense estimulou essa veia nele.

Ele é um monge zen-budista, fruto bem semeado por Jacareí.

Após muito estudo e trabalho, passou por uma cerimônia bastante interessante de ordenação. Incensos, velas, símbolos.

O templo não era apenas bonito, mas trazia várias meditações à mente. Era um ambiente de introspecção, o porto para onde as caravelas devem retornar após suas viagens. Era a prova de que a religiosidade está acima da religião.

O bom aroma da evolução humana não combina com o fedor do sectarismo fundamentalista.

Após alguns anos da cerimônia, ele oficiou o meu casamento aqui em casa! Tudo milimetricamente pensado por ele para construir uma cerimônia ecumênica: mel, pão, trigo, incenso, flores e música. Uma poesia de amor!

Os mais belos versos nem sempre saem escritos com palavras.

Hoje, ele continua me ensinando, e por longos anos continuará, como o perfeccionismo e a complicação são os biombos por trás dos quais nos escondemos para não fazer nada. É bem fácil ser complexo! O desafio mesmo é manter tudo bem simples!

7

Pau-Brasil

Árvore símbolo da Mata Atlântica, árvore símbolo do Brasil! Seu vermelho é muito mais que um simples conjunto de brasas. Ele dá cor, perfuma, enriquece e embeleza. Nada é mais genuinamente brasileiro do que um pau-brasil!

O primeiro e mais verdadeiro traço original de alguma identidade nacional veio da cor da árvore. Uma cor que atrai, semeia sentimentos, cria acolhimento e pertencimento.

O Brasil tem essa cor, esse perfume. É delicado e belo como tais vegetais. Nenhuma árvore cresce com força e vigor sem os cuidados necessários. Até mesmo a imponente Jequitibá-Rosa, para atingir todo o seu esplendor, deve receber a acolhida da floresta.

Árvore isolada não sobrevive, não cresce, não reluz!

Só com a semeadura da mata é que a planta atinge todo o seu potencial. Assim como uma andorinha só não faz o verão, uma árvore isolada não faz a canção coletiva da floresta!

Mas, o que seria do arvoredo sem cada árvore? Se o cuidado é coletivo, ele é poesia que só se escreve na individualidade.

Ele era um pau-brasil de enorme valor, sempre com as mesmas brincadeiras: "Netinho, hoje eu estava na festa da bicharada. Peguei até vários docinhos para você. Paçoca, cocadinha, beijinho, brigadeiro... Infelizmente, chegando aqui, eu caí numa poça d'água e tudo se dissolveu."

Vermelho era o seu pulôver, que usava toda noite para, ao lado da minha avó, cultivar sua índole. Era o exemplo diário que recebíamos, como um tesouro que se passa de geração em geração, de que o que é realmente valioso está na nossa essência.

Recebera tudo isso como um legado de ouro de seus antepassados: os exemplos de religiosidade, de harmonia familiar e, também, de seu ofício! Acho que nunca vi meu avô exercer a odontologia, mas, como portadores de uma nobre missão, todos nós, seus herdeiros, tomamos isso como uma espécie de missão!

Minha família tem muitos dentistas. É incrível. Ele nunca pediu nada para ninguém, mas seu exemplo germinou em broto, fortaleceu-se em tronco sólido e explodiu em vida frutuosa.

Até quem não atua na saúde da boca, de sua especial maneira, carrega aquele importante galardão de cuidar dos outros: os aprendizes da alteridade.

Contam que ele também teve uma granja, criava galos. Eu só conheço as histórias. Ele era procurado constantemente por seus vizinhos para aconselhar e, com seu sorriso e entendimento, cultivar a união fraterna entre todos.

ALTERIDADE!

Também era parkinsoniano.

O seu Parkinson não era visto como uma doença. Falando por mim, eu mal tinha noção do que era. Eu gostava de brincar com os vidrinhos vazios de remédios e achava aquela tremedeira até simpática!

Era parte dele! No fim, percebi que amava o Parkinson da mesma maneira que amava o meu avô. Naquela época, passava longe de mim qualquer outro pensamento senão o de entender que só as pessoas mais puras eram escolhidas para tremer daquela maneira.

Ah, como da missa eu não sabia nem a metade!

8

"Dou um boi para não entrar numa briga, mas uma boiada para não sair!"

"Dois hamburguers, alface, queijo, molho especial, cebola e picles num pão com gergelim!" Esta é a pérola gastronômica do país cujo guia culinário deu o troféu antipático de pior prato do Brasil para o afetuoso cuscuz paulista.

Eu até aceito críticas numa boa... Elas costumam ser frequentes, já que temos tantas opções deliciosas no Brasil, como o cuscuz nordestino, o tropeiro, o de milho... Até farofa de cuscuz a gente faz!

É igual ao bolinho caipira de Jacareí. Não tenho dúvidas de que a nossa versão, com farinha de milho branca, cominho e carne de porco, é muito mais deliciosa que aquele arremedo joseense, de farinha de milho amarela e carne bovina.

Mas o afeto fala mais alto. Eu sou de Jacareí. Mesmo que eu prefira o outro, jamais darei o braço a torcer... Falar mal um do outro é uma demonstração de carinho e respeito! É reconhecer que cada bolinho é recheado de carinho e poesia!

Mas... É muita audácia chegar um rapaz e se colocar numa ilusória posição de superioridade para tentar dar notas àquilo que não entende. Essa gente insiste em se acreditar ridiculamente mais qualificada que o nosso povo...

Que papelão!

Nunca entenderão que um cuscuz é muito mais que um simples alimento! A gastronomia é uma arte por ser mais que simples comida. Aliás, reduzi-la à tabela nutricional é um crime cometido por quem desiste de caminhar pela Beleza da vida.

Essa gente colonizada, que acha que o caminho é o ponto de chegada e nunca os passos dados, abdicou da essência humana... Nós, pessoas, ainda sonhamos, construímos lirismos, sentimos o prazer de cada momento... Eles, tal como robôs, desistiram da vida, e buscam sentido na gincana...

Cuscuz não é só um prato... É minha avó Tereza! É a união familiar... São os afetos e os sabores... É ouvir do meu tio (quem não tem um tiozão do pavê?) a velha piada, já amarelada pelo tempo mas que todos riem por educação: "Faz anos-anos que eu não como cuscuz!"...

Aliás, os perfumes da casa da vó Tereza eram fantásticos! Empada de frango, lombo assado, molho de tomate... Ela era uma das maiores cozinheiras da paróquia. E ela sabia que mesa não é só o lugar do alimento. É o ponto de repouso da alma...

A cozinha é o centro do lar! A ternura é o tempero mais delicioso!

Tanta tradição caipira em cada tempero, em cada sabor, em cada prato. É engrandecer a simplicidade com a excelência... Tanto é assim que minha mãe, nora dela, aprendeu lá a desbravar o fogão!

Hoje em dia, uma minha prima carrega todo esse saber que não se sabe de onde surgiu nem para onde vai... Ela é a portadora dessa preciosidade que reluz no mundo das saudades...

Mas a vida é assim... Ela parece aquele velho álbum de fotos, em que as imagens vão se dissolvendo num amarelo da memória... Amarelo é ouro! É lembrança! É tesouro... É lá que ela habita...

Cuscuz é isso...

9

Gavroche

Durante mais de 30 anos, Victor Hugo experimentou um processo transformador, daqueles mecanismos que metamorfoseiam o fubá, junto a outros ingredientes, em um delicioso e cheiroso bolo, pronto para animar, encher de gostosura a vida de quem sente o cheiro ou o come, e estimular as prosas.

Um bolo de fubá nunca está pronto enquanto não arranca sorrisos, floresce saudades e determina uma prosa! Quem come essa delícia do milho em silêncio está desperdiçando a melhor parte dele.

Acho que o gosto do bolo sai do palavrório da gente!

Desde que começou a pensar em um romance que tratasse das misérias humanas até a publicação de Os Miseráveis, foram mais de 30 anos em que a vida dele tomou caminhos tão inusitados e diferentes que até respondem à filosófica questão: "Será que os romances escrevem os autores ou será que os autores escrevem os romances?".

Exílio, autoexílio, busca por justiça... Victor Hugo, uma das primeiras almas a enxergar que a deficiência nunca esteve no corcunda Quasímodo, mas sim na organização de uma sociedade preconceituosa e excludente que expulsava a bela cigana e bailarina Esmeralda, estava agora percorrendo a arriscada jornada em busca de si mesmo.

A amarga história das misérias gentis ia sendo escrita em meio a mudanças essenciais na maneira como Victor Hugo se posicionava no mundo. Não mais como um literato agridoce, mas como um anterior Émile Zola, que usava sua pena para acusar e, com isso, transformar a realidade.

O cheiro do bolo desperta o sorriso em quem está passando. De certa maneira, muda a vida da pessoa. As mudanças sutis e pequeninas acabam em grandes revoluções.

Uma andorinha só não faz verão, mas sem essa andorinha, o verão nunca será feito!

Enquanto escrevia a história das Barricadas de Paris e o assassinato brutal do jovem menino Gavroche, tão indômito quanto irreverente, o escritor acabou como se tivesse levado uma pancada. As tropas vestidas de Lei e Ordem tinham brutalizado as esperanças populares. O canto da gente ficou mudo. O bolo de fubá perdeu seu perfume. A poesia ficou muda de todo o lirismo.

Gavroche era uma criança, só um sonho doce e infantil! A justiça e a liberdade também têm as cores da tenra idade. A utopia é inocente, ingênua e bela!

Gavroche é a utopia! Quando os soldados o aniquilam, matam um pedacinho de cada um de nós. Mas ele também é semente, é fagulha, é raio de sol! E assim como, após o inverno, desperta a primavera, após as trevas o sol nascerá!

A sorrir, cantaria Cartola...

E assim como um castelo de areia que se desintegra ao sabor das ondas do mar para depois ser reconstruído, Victor Hugo colocou o romance na gaveta. Passou um bom tempo só, numa ilha no Canal da Mancha.

Às vezes, as ideias, para despertar com força e vigor, precisam de um pouco daquele silêncio que só pode ocorrer nos encontros consigo mesmo. Só o diálogo interior e mudo pode, por vezes, nos mostrar as soluções que teimamos em não enxergar.

De lá, mudou-se para Waterloo. Precisava viver onde Napoleão, aquele tirano que inspirara multidões para, depois, roubar delas os sonhos e a esperança, fora derrotado pela velha ordem. Era muito difícil.

Napoleão era um Gavroche que, de tanto comer melado, acabou por se lambuzar. Ele, por fim, virou o abismo contra o qual tanto lutara! Napoleão encarnava a velha ordem. De certa maneira, ele representava tudo o que destruíra Gavroche.

Napoleão, o Gavroche despedaçado que impossibilitara a esperança! Um Gavroche torto e assassino!

A partir daquele dia, Victor Hugo, em Waterloo, desengavetou o romance e escreveu em seu diário pessoal:

"A partir daqui, o aristocrata sai de cena. Minha pena estará sempre ao lado de Gavroche, em defesa dos trabalhadores e da justiça, nas barricadas da existência humana".

Anos depois, após longo trabalho e dedicação disciplinada, foi publicado Os Miseráveis.

Eu despertei para a necessidade de estar ao lado de Gavroche e dos excluídos pela sociedade ainda criança. Não quero rivalizar com Victor Hugo! Pelo contrário! A leitura de Os Miseráveis, ainda na juventude, inspirou minha alma, e muitas outras, a optar pelas barricadas!

Só quero dizer que eu, ainda criança leitosa, sentia o cheiro do chá mate, do bolo de banana, e ouvia a Sinfonia Paulistana, tema de abertura do jornal da manhã na rádio Jovem Pan, na casa da minha avó.

Era um apartamento comum, nada demais, lá em Jacareí... Mansão do Vale. Quando o elevador chegava, antes de minha avó abrir a porta, já eram nítidos os perfumes e sons!

Nunca esquecerei do mate pela manhã e da erva-doce ao cair da tarde! Aquele pãozinho com manteiga e o bolo de banana. Tinha o de fubá também!

Gostava de um café tão fraco quanto um chá. Eu me lembro daquela água meio caramelada. Nem parecia que já morava em Jacareí desde os tempos do guaraná com rolha.

Era tão engraçado uma música cantando "Vambora, vambora! Tá na hora, vambora!" para uma mineira lá de

Nova Ponte, que chegara em Jacareí com minha mãe ainda na infância.

Uma mineira apressada! Mas, na verdade, a pressa não tinha vez. Ela era veloz, mas nunca teve pressa. "A vida não é gincana!"

E o que ela gostava de um serviço não está escrito!

Não que ela trabalhasse "pra fora". Ela trabalhava com Gavroche, na construção da justiça, na realização da esperança! Era uma dessas abelhinhas que vivem de trabalhar, mas só descansam quando a colmeia toda já está nutrida... De corpo e alma!

Sabia que, no fim, cuidar dos outros é o melhor autocuidado. Só no diálogo a gente se encontra!

Ela sempre ia ao "Centro" cuidar do próprio espírito como quem pratica a gostosa arte da jardinagem. Com isso, as rosas sempre estavam lá, embelezando tudo e atraindo mais abelhas...

Serviço!

Abelinha!

Rosinha!

10

Oriente

Os reis magos, sábios, vieram do Oriente. Dizem que eram astrólogos e enxergavam o saber das estrelas, que indicavam os caminhos que eles deveriam trilhar. Existe um certo preconceito com a astrologia que eu nunca entendi, vou ser bem sincero.

É muita pretensão, penso eu, achar que um Universo tão enorme não influencia em nada a vida da gente. Nadinha? Se ele também é parcela da criação, será que não tem nada a ver com nossos passos?

Uma tradição milenar pode ser jogada na lata do lixo? Tradição não é colocar tudo no formol: o tradicional não é imutável! Esse é o valor! As coisas vão se aprimorando, melhorando, mas nunca perdem sua essência.

É um diamante que se mantém no tempo: a gente vai limpando, iluminando, trocando de lugar, mas ele está sempre lá, ensinando que tem muito mais coisa valiosa entre o céu e a terra do que a gente imagina.

Ninguém é o último biscoito do pacote.

Será que tem gente pensando que a Humanidade não escuta a poesia das estrelas e segue sozinha?

Aliás, no Museu Grão Vasco, em Viseu, há uma pintura de Vasco Fernandes e Francisco Henriques que representa um dos reis magos e sábios como um índio brasileiro. É de um lirismo impressionante! No fim, o quadro mostra, para quem tem olhos de ver, que a gente também aprende um pouquinho com cada diferença, com cada pessoa.

Pessoas e Estrelas! Esse é o caminho!

E quando as pessoas são as estrelas?

Sempre achei os tios um tanto estelares... Eles estão sempre lá para trazer luz aos nossos passos, antes perdidos e agora escolhidos, rumo ao Oriente... Orientar... E quem falou em laços de sangue?

Claro que os tios são membros da família, mas o que os torna especiais é o que trazem: os afetos que nos afetam enquanto persistimos caminhando. Esse vínculo de ternura vale mais do que o DNA.

Ácido desoxirribonucleico? Prefiro exemplo, sorriso! Sou mais a doçura do carinho e do afeto do que qualquer acidez. Enquanto o sangue aprisiona, o afeto liberta!

Tios são estrelas! Brilham, orientam, iluminam, indicam. Mas mais do que isso: eles nunca se limitam ao cercado da matéria.

Ontem tive uma notícia de alguma maneira desconcertante: um tio meu viajou para as estrelas. Foi ser um canto de sabiá sideral. Num primeiro momento, parecia que aquela foto, tirada quando meu pai e todos seus irmãos ainda tinham cores e nitidez, estava se amarelando, se apagando.

Tia Mara, meu pai, tio Marcelo, tia Julinha... Agora, tio Fernando... Todos eles foram caminhar com as estrelas, numa eternidade poética e sublime. Estão no reino das saudades, das memórias e da inspiração!

Só o tio João, ainda jovem, caminha, com sua bengala elegante, entre nós.

É um sabor agridoce. O retrato amarela, mas a lembrança devolve cores e nitidez às imagens que pareciam perdidas. E cada vez que um trocadilho, uma piada, uma graça, me vem à mente, eles voltam fortes e vigorosos.

Enquanto o sangue seca e é varrido, o amor se fortalece na eternidade. Alumbramento!

11

Fagúia

Era especial quando ela saía de casa... Eu nem podia ver, senão já abria o berreiro. Minha mãe e minha avó, então, sempre tentavam me distrair... Ela também tinha casa, filhos e vida para cuidar! Aos poucos fui evoluindo do amor-algema para o amor-compreensão...

Uma dúvida, ainda, sempre me pegava quando do tchau dela. Ela dizia ir para "Cidade Salvador". Como seria possível alguém trabalhar lá em casa e morar em Salvador? A verdade é que eu, pequeno, não tinha nem ideia de onde ficava, mas sabia que era até outra cidade e, assim, devia ser muito longe...

Será que o Zé Carioca era de lá? Cidade Salvador... Um enigma infantil... Até que, um dia, fomos levá-la em casa. Era perto. Uma vista... Naquele momento um entendimento novo tomou conta de mim: só pessoas abençoadas podiam morar num lugar tão sereno...

Era só enxergar! Não é à toa que ela sempre levava abacate, taioba e tantas gostosuras. E ela contava que o frio também descia naqueles montes. Sereno, geada, tudo fazia das festas ainda melhores.

Teve uma vez que ela contou de uma festa da paróquia, acho que no fim de junho, quando a geada foi tão brava que apagou todas as fogueiras... Sobrou só uma "fagúia" no fogão à lenha dela.

Assim que falava... Fagúia... Aliás, nunca falava da sua religião com a gente. Só depois, descobri que era uma Festa de São João! É que ela sabia que nosso entendimento era outro, e mesmo sabendo que meus pais levassem numa boa, dizia não querer ser exemplo "pros meu fio"...

Dona Geralda, a Dadaia do nosso coração, pegou a pequena fagúia que resistia ao gelado e cultivou até sair um foguinho. E como chama é que nem coceira, rapidinho se espalhou.

Ela pegou um graveto inflamado e levou para Dona Clô, a quituteira da vizinhança. Já eram duas fogueiras, que logo viraram três com seu Grandão, do vinho quente...

De três para quatro fui um pulinho. Depois já eram cinco, seis, e tinha bolo, e pamonha, e quentão, e bolinho de mercado... E chegou o padre Inácio que adorava uma festança, com o mastro e a sanfona!

Festa completa! São João feliz!

E quem podia imaginar que uma fagúinha ia virar uma festança de São João?

12

Charles Bronson

Logo no início das aulas da faculdade, na época em que a coroa de louros parecia ainda fixa, e quando todos os gatos são pardos, ganhei alcunhas. Antes de Stevie, Sargentelli.

Amigos que me acompanham até hoje, desde então reunidos em um clã em homenagem a Charles Bronson e ao insuperável Alborghetti, abriram os braços da fraternidade, enxergando em mim qualidades invisíveis.

Sobrenatural?

Não. A convivência, nem sempre recheada de palavras e jamais limitada pela mordaça do cristal, faz com que o diáfano ganhe linhas de nitidez.

Antes que eu soubesse, eles enxergaram. Só depois, eu também despertei.

O Carnaval, para mim, sempre foi um momento raro, especial, um rubi no palheiro em meio ao cotidiano repleto de maçadas! É o tempo em que as comportas dos céus são abertas e a sopa criativa banha todo o povo.

Até quem enche a boca para dizer que detesta o Carnaval, ou para espalhar cascas de banana, como aquelas em que a palavra Carnaval teria surgido da expressão "carne nada vale" ou de que ele teria nascido de um decreto de Herodes em comemoração à prisão de Jesus, recebe tamanhas bênçãos!

É a festa da folia e da diversidade: é por isso mesmo que é respeitável quem vai para retiros de fé, corre maratonas sentado no sofá, plantado na TV, lê, escreve, estuda. O Carnaval só é completo com todas essas cores! Aliás, sem essas pessoas, a poesia não seria total.

Cada indivíduo, de acordo com aquilo que carrega no porta-malas da alma, participa de uma forma tão peculiar quanto preciosa. Cada um é único e comum: é um verso novo no soneto da alegria!

As ideias nascem naquela confusão, ainda que silenciosa para muita gente. O pierrô só é feliz com as lágrimas derramadas pela colombina! Ele nem existiria não fossem as artimanhas do arlequim.

Essa é a cultura popular que faz do Brasil um paraíso corcunda e criativo: uma flor que nasce no lixo da injustiça, mas que pode reciclar todos os dejetos em belos totens da novidade e da Beleza!

No fim, Carnaval é isso: é cor, é criatividade, é o comum.

É o som do Brasil!

Trabalho e Equilíbrio

Trabalho não é chibata!

Sinceridade? Ele é a melhor maneira de desenvolver as capacidades individuais e, assim, promover a autorrealização. Claro que há muita gente deturpando essa que é uma das mais próprias cores humanas: nossa maior propriedade!

Está cheio de desavisados que, seduzidos pela ganância sistemática, acabam transformando uma de nossas mais importantes características, essa qualidade tão essencial para nossa saúde mental e emancipação individual, em um fardo extremamente pesado e desgastante.

Para esses, eu vou repetir uma lição que já foi dita antes de mim: "Olhai os lírios do campo!" O trabalho, para eles, não é cobrança, dor nem aflição! É alegria pura e natural, já que expande a Beleza interna. O trabalho serve para isso! Quando é usado como instrumento de flagelo e dominação, acaba gerando ruína e desgaste.

Sabe o canto do sabiá, que desperta as memórias de nossas terras utópicas? É trabalho! E o desabrochar dos lírios? Também! E as nossas músicas preferidas? Claro que são!

O que tudo isso tem em comum? A Beleza! Eles despertam os melhores sentimentos em todos, ao mesmo tempo em que estimulam os mais valiosos aspectos da individualidade.

No fim, eles representam vestes tão majestosas e gloriosas que nem Salomão, no auge de sua glória, jamais vestiu.

Ou seja, o trabalho é uma qualidade inerente ao indivíduo, extremamente vinculado à produção de ideias e, portanto, à criatividade. Quando ele deixa de ser uma qualidade essencial e natural, degenerando em masmorra e tortura, a atividade criativa rareia até desaparecer.

Vamos resumir?

O trabalho degenerado produz feridas! Quando é encarado como uma ferramenta para desenvolver os melhores aspectos de nossa individualidade, ele produz prosperidade e emancipação.

O trabalho deve ser sorriso!

13

A cachaça de Areia

"Eu era madeira de lei. Hoje, só cavaco." Essa frase tão pitoresca e, de certa forma, familiar, atraiu minha atenção. Ela, com uma filosofia tão insólita, parecia sair do para-brisas de algum caminhão.

Nem Atenas produziu uma sabedoria tão valiosa quanto os caminhoneiros que rasgam o Brasil. Coisa de gente grande!

Acho que tinha uns 14 anos na época. Meu pai conversou com um amigo dele, e eu comecei a trabalhar consertando computadores. Mal existia internet naquele tempo. Tudo era tão precário.

As memórias trazem um tempero especial para tudo. Que saudades daquela época! Como fui feliz! Como sou feliz! Às vezes penso em como sou agradecido por me lambuzar no melaço do passado. Agradecer por tudo que nos trouxe até aqui. Agradecer por lembrar.

Meu pai achava, e ele estava coberto de razão, que trabalhar me traria disciplina, senso de responsabilidade e jogo de cintura. Essa era a qualidade mais importante: conhecer gente nova, diferente, e aprender.

Aprender a sentir, a saborear, a sorrir e chorar. Beber a aguardente da alteridade que abre nossa alma para enxergar o outro e entender que somos partes preciosas de um mesmo todo.

Hoje, mal sei ligar um computador. O meu só presta como uma máquina de escrever cara demais. Mas acho que sei olhar nos olhos, sorrir, sentir.

Acho que foi esse o motivo daquele ditado prosaico ter chamado tanto a minha atenção. Desconfio até que, inconscientemente, eu já sabia que quem falava algo assim só podia ser um cabra interessante, calejado de tanta pedrada e alegre com tanta beleza neste mundo.

Sabe aquela gente que sente um orgulho bonito do trabalho? Que fala da tradição como quem usa a melhor roupa? Que sabe que a família é essencial para a prosperidade?

Seu Alípio era um caboclo desses! Devia ter uns 80 anos. Parecia ter escapado de alguma pintura de Almeida Júnior.

Trabalhava com a família na roça, lá em Areias. Areia, como ele falava! Uma cidadezinha rural aqui do Vale do Paraíba, famosa por ter sido a pousada de Monteiro Lobato por alguns anos, quando ele foi o Promotor Público da comarca.

Além da lida na roça, seu ganha-pão principal era fazer cachaça, do mesmo jeitinho que seu avô fazia há mais de 150 anos. Hoje, é o filho mais novo que dá o tom da labuta.

Um fermentado de fubá, uma garapa grossa que passava pelo alambique e saía como cristal líquido, para dormir no bálsamo até a venda.

Tinha acabado de chegar em Jacareí e deu um pulo na loja para dar um abraço no pai do meu chefe. Papo vai, papo vem, ouvi aquele trechinho e me aproximei. O serviço que eu estava fazendo podia esperar uns minutinhos.

As lições que aprendi ao escutar a sabedoria daquele velhinho valiam por séculos.

Quando ele se comparava ao cavaco, lembrando das glórias vividas como madeira de lei, acredito que tentava falar do seu corpo físico. A cachaça dele, por outro lado, era cavaco há 150 anos, mas hoje é madeira de lei.

Foi a tradição daquela mesma produção, com os ajustes e aperfeiçoamentos do tempo, que levou aquela bebida a patamares únicos de excelência.

Tomar umas doses, prosear, comer uma costela, uma porção de tilápia, matar uma galinha caipira, comer pitanga no pé, cantar uma moda enquanto alguém dedilha a viola. Assistir ao espetáculo do sol indo dormir atrás dos montes.

A vida só sorri nessas horas em que as dores se distraem e a alegria se senta no trono. E sabe o que é mais louco? É nessas horas que a gente aprende! Sem isso, ninguém prospera direito. Ninguém cultiva a paz!

"Nos tempos de vacas magras, mocotó é filé", ele adorava repetir. Na verdade, acho que o mocotó, como o filé, tem sua importância, charme e beleza. Até gosto mais de um mocotó bem-feitinho.

Mas seu Alípio me explicou uma vez que só consegue enxergar a beleza do mocotó quem já passou pelo vale de lágrimas. É... Acho que, como sempre, ele tem razão!

14

Senta no próprio rabo...

Tem gente que senta no próprio rabo para falar do rabicó! Sabe esse povo que só vê problema nos outros? Sartre, irônico e casmurro, aspirando seu Gitanes, diria que "o inferno são os outros".

E será que não é isso mesmo? Quando nos achamos perfeitos demais, precisamos tomar um banho de humildade: os defeitos que enxergamos nos outros povoam nosso interior!

Realmente, o inferno são os outros: só no encontro com o diferente aprendemos a enxergar que nossos defeitos são iguais!

Dona Margarida era amiga da vó Rosinha. Uma professora aposentada, se portava e se vestia com a elegância de outros tempos. Parecia mesmo outra época... Os professores eram respeitados. Eram autoridade!

Pontas de uma saudade dessa época batem em mim. Acho que estou ficando velho e bobo!

O saudosismo deixa tudo meio amarelado, sem as cores que nem sempre combinam. Ninguém sente falta do que passou! Temos saudades de um mundo ideal, que existe apenas nas fantasias da nossa mente.

Cabelo prateado, vestido comprido, sapatos, meia-calça e uma echarpe em volta do pescoço. Apesar de parecer uma Odete Roitman, ela era uma excelente pessoa!

Estava sempre com minha avó nos mais diferentes trabalhos sociais, cuidando do povo. Depois, voltavam para o chá no apartamento da vó. Era ali que eu a via quase sempre.

Enquanto a erva-doce soltava sua essência na água fervente, mudando a água em chá e doando seu mais precioso interior para a construção de algo novo, uma bebida que perfumava o ambiente, Dona Margarida sempre dizia que no Brasil ninguém liga para a Educação!

Claro que eu me sentia um pouco insultado. Eu? Não faltava, fazia lições, estudava... Eu ainda não dominava aquele estilo idiomático dela, que sempre que falava "no Brasil" colocava a mesa em que estávamos num limbo suspenso.

Não éramos "do Brasil". Éramos diferentes! Quando a seleção ganhava a Copa, aí sim, éramos daqui. Quando havia alguma reclamação, não! Plano Real, Movimento "Diretas Já", Tom Jobim e Vinícius de Moraes eram coisa nossa! Criminalidade, corrupção, descaso com a educação, libertinagem: isso era coisa dos outros!

O Brasil foi moldado no analfabetismo. Durante a época da colônia, era crime, inclusive com pena capital, ter livros, abrir escolas ou construir máquinas para imprimir! Nossa minúscula elite ia estudar na Europa. Cláudio Manuel da Costa, Tomás Antônio Gonzaga e todos que queriam iluminar o Brasil tinham de aprender com as teorias do Velho Mundo!

A Faculdade de Direito do Largo São Francisco só nasceu com a independência. E a USP então? Com Getúlio... Dizem que foi o mais saboroso fruto da Revolução Constitucionalista!

A universalização só veio em 1988. Ou seja, durante quase cinco séculos, grande parcela de nossa gente foi trancafiada nos calabouços da ignorância e do analfabetismo. A escravidão durou tanto, em grande parte, pela ausência de uma massa ilustrada. Nossa independência também...

Aliás, até hoje sofremos com esse descaso... No Brasil ninguém liga para a Educação!

Faz pouco tempo, fui a Jacareí visitar minha mãe!

Perguntei sobre Dona Margarida. Cidade pequena, sabe? Todo mundo é uma grande família...

Dessa vez, ela tinha ido levar a neta numa viagem. Não sei ao certo para onde foram! O que marcou é que a neta de Dona Margarida perdeu três semanas de aula...

Devem ter ido abraçar o Pateta!

15

Orelhas de H...

Num dia como hoje, em que o mês de fevereiro já vai se despedindo da plateia para a entrada de março com suas águas que fecham o verão que fui visitar o risonho seu Isaque e a prestimosa dona Débora.

Era um casal já idoso, cujos filhos tinham ido estudar e acabaram escolhendo morar em terra estrangeira. Para lembrar deles, bebiam pelas manhãs, antes do Sol nascer, um leite bem quente adoçado com o melhor mel do Vale.

É... Eles produziam mel... Não eles, lógico! Criavam abelhas, e delas extraíam o mais puro e cheiroso visco dourado de toda região... Diziam que a voz de dona Débora era tão bonita por causa dele...

Ao cair da tarde, depois da lida diária, ele tocava uma clarineta que herdara de seu avô, e ela cantava... Era um pássaro! Um bem-te-vi com aquele coletinho amarelo que canta, feliz, ao anunciar a boa água que cai do céu.

Seu Isaque era um piadista gozador: adorava os causos da roça. Contava um atrás do outro, e, às vezes, dona Débora ralhava em tom de brincadeira. Uma das preferidas dele era falar dos filhos que trocaram a paz, a água e a fartura por um deserto de segurança e riqueza. Era um jeito carinhoso de mostrar toda as suas saudades e todo o seu gosto pelo caminho que eles escolheram.

"Fio é prá voá!", falava ele, e ria...

De repente, apitou o celular. Era o alarme, contando que dona Débora já podia retirar os biscoitinhos bem perfumados do forno. "Saíram as orelhas de H...", nessa hora ela foi interrompida por uma revoada de maritacas que, fazendo aquela algazarra, tinha pousado na árvore em frente.

"Vem ver meus canarinho verde! Eles sempre vêm essa hora pra cumê e durmi. Eu ponho aguinha, deixo tudo certinho pra eles! Quando eles se recolhe, já falo pro véio que é nossa hora também... Mas eu ia falando da orelhas de H..."

PAAPAA! PRAAA! RECO! TEC!

"Corre aqui gente!", interrompeu, mais uma vez, seu Isaque! "Achei a matraca que me pai fez pra mim! Procurei em tudo quanto é canto! Que nó nos gargomilo..." chorava o idoso roceiro.

"Fica assim não, véio! Vem pra mesa. Nóis vamo cumê uns biscoitinho e tumá leite com mel... Vem conversá com as visita qu'ocê miora!"

Já na mesa, sentado e mais calmo, ele começou a contar a história da matraca, dos biscoitos, do leite e do mel...

"Os antigo contava que tudo aqui era uma fazenda só! Aqui, nessas roça, o povo era tudo colono... O dono, fazendeiro, era bom. Mas tinha um padre que morava com ele que era ruim que só o tinhoso!

Esse padre chamava H..."

RRÁ! RRÁ! RRÁ! A festa das maritacas, mais uma vez, impediu seu Isaque de prosseguir... Depois, tudo acalmado, ele continuou.

"Então... Nessas roça vivia um estrangeiro véio que chamava Mordechai. Que nome! Coisa de gente de fora... Nem é brasileiro isso... Ele era tipo o sábio daqui da colônia: sabia tudo! Tempo das chuva, da seca, da plantação, da criação... Tudo!

Ele tinha uma neta muito formosa, a Esther! Os home tudo da aldeia queria casá cum ela! Dizem que até aquele padreco de festa junina quiria... Foi pur isso que ele armô tudo...

Convenceu o fazendeiro de que ele tinha de plantá só café. Toda gente ia sê tocada daqui... Tudo ia sê cafezá! Falô que mió que isso, só Jesus Cristo! E todo mundo? Ia fazê o que? De certo, morrê!

Diacho de padre!

Mas acontece que o fazendeiro, um dia, resolveu passeá de cavalo, e avistô a Ester na bera do córgo lavando roupa. Apaxonô!

Mordechai viu isso tudo e começô a matutá um plano! Juntô todo mundo e foi dividindo as lida! Deu tudo do bom e do mió pra cada um. Um colono ia plantá fruta e a muié ia fazê compota! O outro, verdura. Mais um, beterraba e a muié ia fazê a mió sopa!

Ele escolheu criá abelha. Ia fazê mel! É que o mais gostoso é o mel feito com abelha livre pra cumê o que quisé!

Logo, essas banda viraram uma festa danada! Tudo daqui era bom, o mió!

Mas o plano ainda tava pela metade! Mordechai aproveitou uma ida do padre pra paróquia central e ajeitou o casamento dela com o fazendeiro. Aos poucos, ela convenceu ele a deixá o café de lado e aproveitá mió nossos produto...

Quando o padreco voltô, nada mais tinha a fazê! Pediu pra ir pra Capitá!

É por isso que esses biscoito chamam orelha de H..."

MÉ! GRÉ! PPRR!, se alarmaram os bichos da roça... Devem ter visto um Saci!

"É pra gente cumê contando essa história. Assim aquele dito cujo ouve bem, sempre, e vê se aprende que o povo unido vale mais do que qualqué saca de café! É por isso que meu pai me fez aquela matraca! Pra eu fazer muito barulho e espantar aquele nome maldito daqui...

H..."

TRRR! TRRRR!, os trovões anunciavam que o toró se aproximava!

"Mas hoje... Hoje... Nem da minha matraca precisei! O mundo já falô!"

16

MANA...

- Alô, Mana... Oi...

- Oi! Como vai?

- Muitíssimo obrigado por me atender.

- Para! É um prazer atender, ainda mais quando é artista...

- Artista? Eu nem saí da casca do ovo ainda... Estou na Faculdade de Direito... Minha vida é outra...

- Artista sim. Daqui uns anos amadurece essa fruta. Aliás, por qual porta você entrou nas Arcadas? Você nunca escreveu nada? Pintou? Desenhou? Interpretou?

- Como você sabe disso?

- Ele me contou... Na verdade nem sei se foi Ele, Ela ou uma Poesia...

- Quem?

- Ele. O Altíssimo. O Criador. O Grande Arquiteto do Universo.

- Como assim?

- Vamos deixar simples? Foi um Sabiá que me contou. Só que esse aí lembrava muito o Rebe...

- Lubavitch?????

- Era meio uma mistura dele com o Frei Damião... Estou confusa... Já faz tempo que vim pra cá. Amanhã eu volto.

- Como cê sabe?

- Sabe a Irmã Dulce? Ela me contou...

- Mana do céu! Eu nem conhecia esse seu lado...

- Que lado?

- Religioso. Nunca imaginei...

- Nem eu... Na verdade eu sempre fui, mas não tenho religião. Acho que continuo assim. Quando você voltar vai entender.

- Voltar?

- É... Uns 45 dias...

- Ué... Não tô entendendo!

- O Tempo é diferente. Uma vez o Raoni me contou a história de um curumim doido para pegar o saci. Ele jogava a peneira naquele redemoinho de vento e poeira, mas nunca acertava. O vento dançava, desenhava com a terra... Pegar o saci era impossível! O curumim se mordia de inveja... Queria morar no vento igual o saci! Entender o tempo é igual a caçar saci: não dá!

- Ou dá... Com a peneira do lirismo... O Aldir fala disso!

- Artista, não falei? Quer teimar com o Sabe Tudo? Ele apareceu para você também?

- O Rebe?

- O Aldir...

- Não. É que lembrei de uma música dele. As memórias sempre pegam a gente de calça curta... Marejam os olhos, dão nó nos gargomilo, encantam a alma... Mas, Mana... Você me falou de voltar...

- Então ele ainda vai aparecer e te explicar tudo. O que eu sei é que os médicos falaram para meus pais que eu ia embora, mas eles se esqueceram do imponderável. Sabe a música do Chico? Então, tô voltando... Vou voltar para a minha Pasárgada... Nessa hora os médicos devem estar com sua mãe...

- E aí?

- Vão falar que você nunca mais voltará para o colo do lar. Mas você voltará. Depois, falarão que a paralisia vai fazer acampamento no seu corpo... Nada. Depois, ainda, vão falar que os passos nunca mais estariam com você. Bobagem! Por fim, que as trevas dominariam seus olhos... Engano...

- Então eles são errados?

- Claro que não! Mas o milagre é um monumento que serve pra gente lembrar que não é o Sabe Tudo. HU-MIL-DA-DE!

- Então eu vou voltar? Igual a você?

- Isso! Não é bem igual, né... Cada um tem sua vida né? Seu caminho... Eu volto e vou reciclar... Mudar é a joia humana! Vou ensinar quem não pode essa preciosidade!

- Ele também muda sempre?

- Nada é mais precioso que Ele! É uma metamorfose ambulante, diria Raul...

- E eu?

- Ele vai te contar melhor, ainda... O que sei é que você volta! Com certeza! No fim, quem faz sua trilha é você. Ele sempre fala que as bençãos são como a chuva: descem para todo mundo. Mas também são igual uma plantação de goiaba: só cultivando, cuidando, servido, as bençãos perfumam e dão doce!

- O Rebe gostava de goiaba?

- Não sei. Devia gostar! É goiaba, né...

- Mas ele falava isso?

- Claro que não! Mas a sabedoria é tipo uma joia: a gente tem de fazer de acordo com o barro do mundo. Se não, ela voa como o álcool evaporando... Num segundinho, nem cheiro dela...

- Então, a gente se esbarra por lá...

- Lembre-se disso: ARTISTA!

- Artista?

- Tchau!

17

Zicartola

Dia de calor. Avenida Paulista. Terno. Meio-dia. Sol. Eu caminhava após o almoço buscando um café arejado lá na Casa das Rosas. Lá a brisa e o vento fazem das suas graças e constroem, com poesia, um bom lugar para meditar.

As rosas tão bem cuidadas... Jardim belo. Local agradável. Trabalho disciplinado abre alas para o lazer moderado. E, imaginando, sigo meus passos. Antes de chegar lá, percebo alguma aglomeração.

O que deve ser? Entro pela porta e vejo uma roda de samba. Algumas mesas. Cerveja, bolinhos, torresmo e cachaça. Alucinação? Parece Cartola... Aquele nariz inconfundível! Ele chamava a "veia". Dona Zica trazia uma porção de frango à passarinho e mais algumas cervejas.

De repente, vejo Paulinho da Viola recebendo a Ordem do Cartola Dourada! Em uma mesa mais afastada, gente de estudo, doutores que não entendiam direito o idioma do samba e do povo. Observavam, aprendiam. Lá, a turma do diploma era outra!

E as histórias iam continuando... Teve aquela vez, lembra "veia", que a gente brigou e eu estava andando, meio cabisbaixo, e vi as rosas no quintal. As mesmas que eu cuidava com tanto zelo todo dia.

Molhava, regava, protegia. E fui lá me desabafar. Que bobagem! As rosas não falam! Corri para dentro e te contei. Você estava cozinhando nossa feijoada. A gente riu. Juntei uma melodia perdida da minha meninice e fiz uma música.

Eu não! A gente, né "veia"?

Nunca mais vou ouvir tanta melodia bonita como aquelas do gramofone do seu Daniel na Praça Onze. É... Os tempos do menino não voltam...

Ao lado, a turma do Funil. O samba continuava... Agora também era bossa! Mesa com toalha quadriculada, paliteiro de plástico e guardanapo barato, uma porção de moela acebolada com guariroba. E cachaça. Claro!

Zicartola!

18

Vovó Telê

Prestidigitação... Ilusionismo... Sabe o mágico de circo? Enquanto todo mundo está vidrado na minissaia da ajudante, ele vai lá e, pimba! Tira o coelho da cartola. A gente sempre fica com uma pulga atrás da orelha tentando descobrir o truque.

SEMPRE!

A diversão do ilusionismo é essa: tentar desvendar, descobrir. Apareceu até um tal de Mister M., mas quem garante que ele também não iludia todo mundo? Será que existe só um caminho para realizar o truque?

Mágicos... O show não pode parar!

Aqui na literatura também dá para fazer uns jogos legais. Quer ver?

Se eu falar de um compositor chamado Mozart, o que você vai pensar? Áustria? Viena? Salzburg? Nobreza? Talvez até naquele licorzinho de chocolate. E, no tempo em que você está nessa viagem gostosa pelo mundo da imaginação, eu falo que o Mozart a que eu me referia era Mozart Camargo Guarnieri.

O que você iria pensar? Fazer?

Foi um dos maiores compositores do Brasil! Sabia que ele nasceu em Tietê, era filho de um flautista italiano que fugiu para cá das perseguições odiosas do fascismo?

Ganhamos nós. Perderam eles.

Mas Tietê também é o berço de outro filho de imigrantes, que foi até presidente daqui: Michel Temer! E agora, o coelho da cartola: o pai de Mozart Camargo Guarnieri era o Michelle Guarnieri!

Mozart e Michel: a dupla de Tietê!

Peter Shaffer também fez das suas ilusões no cinema. Quando escreveu "Amadeus", tirou algumas licenças poéticas e solidificou em ódio e rivalidade uma inveja nunca confirmada. Salieri e Mozart, ao que consta, eram grandes amigos... Mas vai saber...

Hoje em dia estamos sendo tomados pela tragédia ambiental do Rio Grande do Sul. Enchentes, dramas, mortes. Situação de guerra! De calamidade. E o pior? Ficamos sabendo de alguns monstros que se aproveitam do horror para roubar, desviar, fraudar, corromper e até politizar!

Quando, no circo, o mágico ilude a plateia, ele busca a diversão, o sorriso e a alegria do público. Numa situação calamitosa como a que estamos vivendo, quem frauda é criminoso!

Não podemos cair na armadilha de achar que só tem crápula no mundo. Pelo contrário! Para cada canalha, temos centenas de pessoas boas que estão trabalhando, doando, rezando para amenizar a situação e reconstruir os Pampas.

Amigos anônimos... Parentes desconhecidos! Quem disse que precisa ter o mesmo sangue para ser da família? Sabia que eu já sofri um acidente muito severo? Sim... Foram mais de 45 dias em coma, fora todo o resto. Mas isso é outra história.

Lá em Jacareí, meu pai tinha um grande amigo. Eles eram tão unidos que logo minha mãe também construiu grande amizade com a esposa dele. Aliás, nossas famílias estavam sempre juntas. Eu era, e ainda sou, oras, muito amigo dos filhos deles. Sinto-os como irmãos! Até hoje, quando nos encontramos, chamo ele de tio e ela de tia!

A mãe do meu tio é minha avó, ainda que nossos laços de sangue sejam distantes. Vovó Telê! Assim que eu a chamava. Durante o período mais crítico da minha recuperação, ela me levava, todos os dias sem falta, a melhor geleia de mocotó que só ela sabia preparar!

Ela foi fundamental para que eu chegasse até aqui! Tanta gente foi... Família que eu sei o nome, parentes desconhecidos...

Somos um país de fibra, trabalho e gentileza! Cada calhorda aproveitador que aparece esconde as milhares de Vovós Telês anônimas.

Vamos fugir dessa maligna ilusão?

19

Le Chaim

Sucesso como sempre! Aplausos!

Daniel Barenboim, o encantador dos pianos, havia feito mais uma de suas mágicas! Tocar o Rach 3 não é para qualquer um, ainda mais com tanta emoção e esperança.

Sabe quando a gente ouve até a poesia do piano? Parece que ele está conversando, falando... "Shalom."

Relaxados, após a magistral execução do Concerto para Piano nº 3 de Rachmaninoff, os músicos da Filarmônica de Israel se reuniram para o tradicional coquetel festivo, na sede do Heichal HaTarbut, em Tel Aviv.

Entre cumprimentos e gargalhadas, sempre com seu charuto na mão, Daniel esbarrou no seu grande amigo, o maestro Zubin Mehta. Que abraço gostoso! É o poder da música, das artes... Paz, sorrisos e esperança!

"Dany'Le! Hoje você estava tocando com o sangue! Sabe como seus vizinhos falam? Com sangue nos olhos! Assim! Força! Foi lindo, arrepiante, emocionante. Me lembrou até uma historinha."

"Diga, por favor, Senhor Maestro Zuby'Le."

"Para quem é argentino, você está muito alemãozinho... Hahahaha!"

"Eu já saí de lá há tanto tempo, mas acho que o espírito nunca saiu de mim... Hahahaha!"

"Sabe como dizem, né? A gente tem que morar na Itália, mas não pode amolecer demais. A gente tem que morar na Alemanha, mas não pode endurecer demais... Pelo que você tocou hoje, a milonga ainda mora no seu coração!"

"América Latina! Sabia que o maior poeta brasileiro é o Poetinha? A maior voz brasileira, um timbre dos anjos, é a do Bituca? O restinho do cigarro que a gente até joga fora! Talvez a informalidade de lá seja uma forma de carinho e respeito... Talvez um certo chutzpah que ainda não aflorou. Se somos todos iguais, qual a razão para deferência? Mas qual a história, Zuby'Le?"

"Hahaha! Contam que logo depois da estreia, com muito sucesso, diga-se, da ópera 'Axur, re d'Ormus', Salieri e Mozart se encontraram para um brinde fraternal, como sempre faziam após as noites de gala.

Eles tomavam um vinho bem parecido com esse. Um rubi líquido... Olhe bem! Mozart dizia preferir os brancos, que lembram o Sol e o Ouro. Salieri era italiano, né? Gostava dos tintos... Potentes, apaixonados, vermelhos.

No olfato, sentiam desde o perfume da mulher amada até os tons terrosos das trufas negras... Sabe a beleza do vinho? Lembra da 'Dança dos Sete Véus' de 'Salomé'? Cada vez que a gente olha, respira, prova, é uma descoberta nova. Um véu que cai, mostrando e escondendo um tesouro.

Daí eles provaram. Parecia até agulhinhas picando a língua. Uma sensação deliciosa de boca seca, em meio à abundância líquida... Imagine comer uma banana verde.

E os sabores, então? Alcaçuz, rosas, morango... Era uma explosão! No segundo gole, um novo véu se descortinava, uma nova cortina se abria: tâmaras, framboesas, nozes...

Vinho é isso! É exploração! É descoberta! É mistério! É delícia! Viu como quase todos os sentidos são protagonistas quando a gente vai beber? Visão, olfato, paladar e tato.

Mas o mais nobre dos sentidos acabou ficando de fora... A audição molda o pensamento que cria a ação! Ela é a semente da emoção! Por isso que a gente é músico... O espírito canta sempre que sente o som!

Por isso Salieri convidou Mozart a bater, com leveza e graça, os copos... Para ouvir... 'Piiiiiii.' Sempre que ouvimos isso, sabemos que o brinde está completo. Nossa esperança renasce com força e vigor!

Não é esperar! É semear, é cuidar, é trabalhar! Com isso, o futuro melhor chega... Os reféns voltarão para casa! As águas baixarão! A destruição será reconstruída! O amanhã é a esperança! O brinde é a ESPERANÇA!"

Le Chaim!

20

Fígaro!

Flanar me faz muito bem. Caminhar assim, sem rumo, vendo as pessoas e as paisagens, sentindo o Sol e o vento. As delícias do ar um pouco refrescante pela manhã, os cachorros conduzindo os donos, tudo é matéria-prima para minhas letras, para o meu dia e para a minha alma.

Apesar do desconhecido da trilha, ela sempre costuma desaguar no clube. Umas voltas no Palmeiras, e já estou pronto para retornar flanando para casa. Sem rumo certo, mas com destino planejado.

Entrando por ruas e caminhos não convencionais, conversando com outros flanantes, chego em minha casa. Ou seria em mim mesmo?

Já há décadas sigo essa rotina: acordar, academia, caminhada. No início, era obrigação. Hoje, é prazer. É luminoso sempre que a lagarta do dever se transforma na borboleta da gostosura, passando pelo casulo da reflexão.

Seria a tradição um casulo?

Domingo à noite é dia de quê?

Hoje, no Palmeiras, encontrei o Luiz. Quem seria ele? Eu realmente nunca mencionei antes... Ele é o dono do "meu escritório"! Na verdade, eu não trabalho lá... Ou trabalho? Foi um apelido brejeiro que o João, um amigo baiano de Copacabana, deu.

Meu escritório fica lá. Naquela mesinha de latão na calçada... Esquina da Caiubí com a Diana...

É uma pizzaria. O Luiz é fotógrafo também: além do lirismo em cada pizza, cria poesias das imagens e das luzes.

Gastronomia é arte, é cultura! É para lá que vou sempre que quero trocar uma ideia e explorar a magia dos sentidos.

É que a rodela italiana, tão paulistana que parece Adoniram, não é só sabor. A beleza está em tocá-la, ouvi-la estralar em cada mordida... E o cheirinho? Ela não é uma poesia manca, formada apenas pelo sabor. Ela é arte completa, total, unindo paladar, olfato, tato, audição e visão... É como se fosse uma ópera dos sentidos!

Você já experimentou um Tournedos Rossini? Apesar do nome afrescalhado, o prato é um bife com molho madeira e um crocante. É um típico exemplo de como a gastronomia da gente coloca uma roupa nova e entra nos guias Michelin.

Rossini era um italiano que viveu na França por um bom tempo. Dizem que morreu por lá... Natural que suas invenções culinárias tivessem algo do sabor gaulês.

Quando as calças ainda me eram curtas e a chupeta acabara de me abandonar, eu adorava o desenho do Pica-Pau. Aliás, acho que muita gente da minha geração vai sorrir agora lembrando dele cantando Fígaro enquanto modelava a massa...

Fígaro, Fígaro, Fíiígaro! Acho que em vários episódios, nas mais diferentes situações, estava lá o Pica-Pau cantando Fígaro. Quase um sinônimo de ópera, Fígaro é um trechinho musical tão popular que parece até saído da rua...

Talvez seja fácil de explicar. Seu compositor, o gordinho Rossini, era um *bon vivant* raro. Colocava qualquer mané-vazio do Instagram no chinelo. Ele era um tipo de mistura entre Tom Jobim, Vinícius de Moraes e Zeca Pagodinho...

Vivia da mesa, dos copos e da cama. Mas não pense que seus apetites eram apenas para poucos. Apreciava a expressão que emanava de sua gente: não como quem está num camarote, enquanto se sente superior, assistindo àquela farra exótica. Não! Rossini gostava é da pipoca!

Sua ópera não era achada nos salões aristocráticos, mas na boca do povo!

É por isso que Fígaro é quase a mesma coisa que ópera. Talvez alguém nunca tenha visto nada parecido, nem pisado nos teatros. Para muita gente, é melhor tomar injeção na testa do que passar várias horas plantado numa plateia, vendo uma turma fantasiada se esgoelar...

No entanto, uma palavra sempre é conhecida... Fígaro! SEMPRE! Eu aposto que se a gente sortear qualquer um em São Paulo, e pedir para ele cantar uma ópera, ele vai fazer uma voz grave e gritar: Fígaro!

Qualquer pessoa! Fígaro é Democracia!

21

Trabalhe enquanto eles dormem...

Jacareí, como toda cidade brasileira, também tem suas carências, suas dificuldades e suas feiúras. Mas, igual a todas as outras, tem suas belezas, suas alegrias, sua poesia cotidiana. E de uma coisa ela pode se orgulhar!

A localização é encantadora: Jacareí, a Atenas Paulista e Cabrocha da Dutra. Estamos perto da praia, da montanha, do aeroporto, de São Paulo, do Rio e de Minas. Jacareí é um tipo de encruzilhada sudestina.

A fornalha carioca também é uma rosa cheia de espinhos. Purgatório da beleza e do caos, cantaria Fernanda Abreu. Vinícius, cheio de saudades, lembraria dos sons do piano na rua Nascimento Silva, 107, e de tudo o que já não era mais.

Mas a verdade é que o Criador também gosta de algum lirismo. Ele escreveu a mais bela poesia em forma de cidade: o Rio de Janeiro.

Uma prima minha morou lá por vários anos. Ela também tem um nome poético, desses que parecem um pouco com a luz do luar. No fundo, se a gente pensar bem, todo nome é lírico! Toda gente é bela! A humanidade é poeta!

Mas, voltando, antes que eu perca o rumo da prosa ainda mais... A casa dela ficava em Santa Teresa, bairro que une o samba à Mata Atlântica. Era um antigo convento, transformado em morada. Verde, música e lar.

E que bela decoradora, além de tantas outras coisas boas, ela é! Ela pega o objeto mais comum, normal, corriqueiro, e coloca num lugar que o enche de significado e graça. Ela coloca uma moldura no ordinário e constrói o extraordinário! Enfeita a casa e constrói um lar!

Sabe quem enxerga a beleza no comum?

Acho até que isso já vem de berço. É que minha tia, a mãe dela, é desse mesmo jeitinho. Meu tio, o pai dela, que já caminha pelas luzes do luar, também.

Eu pousei naquele encanto da beleza uma vez. Era uma reunião de trabalho que eu teria com meu amigo João e com um tal de Zé, num boteco de Copacabana. Trabalho, boteco e domingo não rimam...

Não existe trabalho ruim. O ruim é ter que trabalhar, resmungava o seu Madruga.

Mas fazer o quê, né? O João era um daqueles monstros sagrados que me tinham como aprendiz. Ele queria desbastar um pouco meu pedregulho interno, fazer minha poética interna se derramar no texto.

Era domingo que ele queria? Era boteco? Era Copacabana? Eu nem questionei. Eu só fui. Mesmo sem ter roupa, fui!

No caminho, fomos passando pelo bonde, pelas árvores, pela passarada, e por vários botecos em que a gente carioca cantava, bebia e torcia. Domingo no boteco é só samba e futebol, gostava de dizer o João.

É a poesia do povo! Um pingo de igualdade social naquele oceano de iniquidade! Como é belo o feio Rio! Como é feio o belo Rio!

Naquela mesma mesinha de latão, já na calçada, estava, como sempre, o João. Óculos, bigode, a careca típica da meia-idade já avançando, uma camisa azul aberta, calção e chinelas meio vermelhas. Um copo americano de cerveja pela metade.

Na cambaleante cadeira do lado estava o Zé. Um português já idoso, também de óculos, mas sem bigode, de calça cinza, camisa branca, um impressionante pulôver preto que gritava de tanto sufocar naquele abafamento tropical.

Os europeus nunca entenderão a civilização do Sol e da Beleza!

Aproximei-me, puxei uma cadeira de lado e, tentando me equilibrar, me sentei. A mesinha, de um latão mambembe, em cima daquele chão em que o mosaico português brigava com as raízes dos flamboyants, parecia dançar um jongo ancestral.

João deu uma risada e falou:

"Se achegue no meu escritório! Vou pedir um copo para você também!", com aquele sotaque, doce e arrastado como o chocolate de Itaparica.

Eu, ainda sem acreditar, encarei bem o Zé... Como eu poderia estar ali? Um "nada", ao lado de dois "tudo". Sabe o João Batista, que repetia não servir nem para amarrar as sandálias de seu primo? Era bem assim que eu me sentia.

Mas, a vida quer da gente é coragem. Fui direto ao ponto:

"Vamos comer o quê?"

"Sardinhas assadas e torradas com manteiga e alho", foi direto ao ponto o Zé.

O João parecia concordar, já que ficou calado enquanto olhava para mais uma de tantas sereias que passavam.

E o Zé continuou: "A gente tem de comer o que o povo come! A gente escreve como o povo fala. Se a literatura não dissolve as correias que prendem nossa gente, ela não serve para nada!".

O João, batucando a mesa e admirando as ondas no copo de cerveja, quis dar seu pitaco também: "Isso é verdade pura! No 'Viva o Povo Brasileiro', o personagem principal, o mais importante, é o povo. Ele que tem costumes, tradições e trabalho. É ele que cultiva a língua na fala. É ele que escreve na labuta cotidiana. O Povo sabe!"

Eu queria ficar rouco de tanto ouvir! Só conseguimos escutar quando abrimos alas para o silêncio e para a reflexão.

Zé interrompeu: "Acho que escrever é um ato de esforço e disciplina. Todo dia sento e escrevo, e as palavras vão me guiando por caminhos de luz e sombras que eu nunca imaginava poder pensar. Uma vez, eu tava escrevendo 'Levantando do Chão'. Já tinha escrito umas 20 páginas quando percebi que, para falar, eu precisava ser entendido. Foi aí que fui buscar a língua da gente! A linguagem popular!"

"Mas a linguagem popular é tinhosa! Ela é traiçoeira e rápida igual uma caninana!", falou por cima o João. "Uma vez eu estava tomando uma cachaça de rolha lá na praia, contente, sossegado. Chegou um consagrado e ligou o rádio bem alto. Eu até gostei da música, mas naquela hora eu queria escutar a melodia do vento. A falta de educação também é parte da língua do povo!".

"Aliás, vamos de caninha?", perguntou. Na verdade, ele já sabia da resposta... É que ele nem deu tempo e já foi chamando o garçom: "Meu consagrado! 3 da boa, por favor!", e com a mão fez o gesto, tão verde-amarelo, da cachaça.

O Zé, com uma cara de poucos amigos, falou: "Falta de educação igual a sua, João, que já atropelou meu discurso! Há uns dias, Pilar e eu nos banhávamos nos mares de Cabo Frio. Era muito gostoso. Um cardume colorido se acercava de nós, e, aos poucos, beliscava nossas pernas. Chegava a fazer cosquinha. Quando eu ia pegar um deles, o cardume fugia. Estavam ali, encostando em mim, mas eu não conseguia tocar!

A linguagem popular é igual a esse cardume! Se a gente força demais, fica parecendo um bobo da corte escrevendo. Se a gente força de menos, continuamos presos nas masmorras da incompreensão.

Pegar o idioma popular é uma arte! É pra poucos!"

Nesse momento, apareceu o garçom. Na bandeja, as sardinhas tostadas, uma porção de pães assados, mais uma cerveja e uma garrafa de pinga. Era a da casa, feita artesanalmente, lá em Paraty, pela família do dono.

"Essa é das boas!", celebrou o João! "Qual seu nome, por gentileza, meu amigo?"

"Johnny. Mas você já me conhece. Eu te atendo sempre aqui, seu João."

"Eu sei. É que eu queria te apresentar para os meus amigos, o paulistinha André e o portuga Zé."

"Olá pessoal! Qualquer coisa, estamos às ordens!"

O Zé sorriu amarelado: "Vocês do lado de cá têm cada costume! Uma sonoridade lírica e linda 'JOÃO' que não se acha em lugar nenhum do mundo... E vocês insistem em emporcalhá-la com esse lixo estrangeiro. 'Johnny', onde já se viu? Esse mundo se perde!"

João, rindo muito, completou: "Sonoridade ainda mais linda aqui no Brasil, em que as vogais parecem ter se espreguiçado e deitado numa esteira de vime... JOÃO! Só esse nome já dá música... João..."

"É... Olha como a língua popular é um camaleão! João é muito mais lindo! É de um lirismo lusitano gigantesco... Mas o povo prefere o lixo inglês! Johnny! São os peixes daquele cardume... Tão à mão, tão intocáveis!", suspirou Zé, como Don Quixote que adoraria vencer os gigantes, mas sabe que eles não passam de moinhos de vento.

"Pindura aí, Johnny! Pago na próxima! Vou levar meus amigos ali para ver o Sol se deitar em Copacabana!"

Levantamos os três e fomos pela areia, maravilhados pelas cores alaranjadas que iam desabando sobre o mar. "As artes nascem de quem consegue enxergar esse espetáculo! Tentem escutar o pôr do Sol... Será que Beethoven era brasileiro?", riu demais o Zé!

"Nossa próxima reunião será em Itapoã!", gritou o João.

A gente riu demais...

Até hoje, quando me perguntam dessa reunião de trabalho, dou uma de Chicó, o amigo de João Grilo: "Não sei... Só sei que foi assim...".

Será?

22

Tutu de Feijão

Durante essas nossas conversas aqui, já falei que adoro cozinhar. A verdade é que cozinhar, cozinhar mesmo, eu não faço. Eu adoro palpitar! E dar palpite na cozinha não é cozinhar? Aliás, o palpiteiro é quase tão fundamental quanto quem coloca a mão na massa!

A arte de dar pitacos em tudo, de conversar, de fazer companhia, de estar junto... É quase uma dança lírica falar para cortar bem a cebola, picar o bacon, a linguiça, esmagar um pouco do feijão. Ao mesmo tempo, nossa conversa deve ser cuidadosa: de repente, se exagerarmos, o ponto é perdido.

Ou seja, o pitaqueiro é tão responsável pelo sucesso do prato quanto quem está ali, esquentando o umbigo no fogo. Imagina se a receita desanda? Se o tutu fica muito salgado? Pouco temperado?

O sal é importante. Realça o sabor. Dá gosto. Mas sal demais faz tudo ficar intragável. Qual a justa medida? Essa é a questão, o nó: o equilíbrio! Quem dá palpite assume o fardo da harmonia: ele tem de garantir, com suavidade, que o cozinheiro se equilibre naquela corda bamba.

As piadas que ele conta não podem fazer a turma do tempero perder a mão. A cachaça não pode ser exagerada (não agora). A arte do palpite é andar no fio da navalha, carregando o peso da responsabilidade.

Quem é livre para dar opinião é responsável por aguentar o tranco.

No fim, fazer tutu é meio parecido com a vida. Se a gente pega uma virtude e exagera, ela vira um vício. A nossa vida fica salgada demais, os sabores se perdem, o tempero e a graça somem!

Mas a gente sabe que cozinhar é essa gostosura coletiva. Todos juntos, cada um à sua maneira, dando novos sabores ao prato. E, se qualquer receita desandar, é só partir para a próxima!

23

Beethoven Enxergou o Luar...

Sempre que as pessoas estão juntas, costumam conversar: falam de acontecimentos, ideias, lembranças e até algumas fofocas. Tudo o que dizem entre si tem sempre um sabor de memória, de lenda.

A gente nunca sabe da verdade. A turma ouve um conto e aumenta um ponto, como se diz. A memória não tem a ver com a realidade. Nosso cérebro monta, a partir de nossas mais diversas lembranças e experiências, uma nova versão dos fatos.

Ninguém faz isso por mal! Pelo contrário. É um mecanismo humano, demasiado humano. Parece até que nossa cachola gosta de construir poesias concretas com nossas memórias!

O ser humano é, essencialmente, um poeta involuntário. O que é a realidade senão uma poesia dos fatos?

Por isso prefiro as lendas. Os fatos podem ser interpretados de maneiras tão diversas que acabam sendo utilizados para legitimar as mais profundas barbaridades.

Sempre que precisamos jogar pimenta nos olhos mais vulneráveis, apresentamos os chamados dados científicos, para justificar e revestir de pretensa certeza a dura injustiça.

Mas, não é a dúvida a essência da ciência? Se todos os cisnes são brancos, o que eu faço quando aparece um cisne negro? E um multicolorido?

A lenda e os símbolos, pelo contrário, evoluem conosco. Quando eu era menino, gostava das coisas de menino; agora eu cresci e abandonei as roupas da infância, dizem.

No fim, o entendimento daquilo que é real é muito mais fácil de ser alcançado pelos símbolos. Esses, como todos nós, evoluem com a história.

Vamos resumir? Uma lenda nunca perde a validade. O dado, sim.

O ser humano, assim, percebe a realidade pela lente das lendas e símbolos. Ele enxerga não com os olhos, mas com a alma. A realidade é esse caleidoscópio colorido formado pelos diferentes entendimentos acerca de uma mesma lenda poética.

Costumo dizer que a gente só entra no mundo dos fatos pelo caminho musical dos símbolos. Foi pelos símbolos musicais que Beethoven, por exemplo, questionou as relações de poder e mando da sociedade do século XIX.

Foi assim que ele imortalizou conceitos tão diáfanos quanto concretos, como os da fraternidade, amizade e humanidade.

Contam que ele era vizinho, em Bonn, de uma menininha cega.

Sabe o mais interessante? Ele era extremamente temperamental, rude e mal-educado com todos. Seus vizinhos não suportavam seus hábitos ranzinzas, sua cara amarrada, sua arrogância e, dizem as más línguas, suas péssimas noções de higiene.

Mas com a pequena Débora, as coisas eram outras. Ele se tornava gentil, amistoso e até ensaiava sorrisos. O pai de Débora, seu Jacobus, não suportava o casmurro Ludwig, mas, qual remédio?

A pequena o adorava e se deliciava com os acordes daquele velho pianista. A verdade é que, a cada nota musical tocada, ela enxergava formas e cores muito além do que todos ali poderiam imaginar.

Ela via, em meio a tantas inconstâncias emocionais, a beleza daquele senhor. Enxergava a pedra preciosa dentro do carvão, a rosa que desabrochava do lamaçal.

ENXERGAR.

Certa tarde, ela pediu ao titio Ludwig ajuda para perceber o luar. Ele riu daquele capricho infantil.

Era aquela época do mês em que a lua vai se escondendo até sumir na escuridão da noite, para depois retornar, bem vagarosamente, a nos iluminar com seus raios de prata.

Nesse tempo do ano, dona Rute, mãe de Débora, assava um pãozinho meio redondo, bem cheiroso e extremamente saboroso.

Foi envolto nesse aroma que Beethoven fechou os olhos, enxergou o luar e começou a dedilhar sua Sonata ao Luar. Beethoven escutou e enxergou, não com os sentidos, mas com a alma, e entendeu a Beleza da Alteridade!

Quando, dias depois, a pequena Débora reapareceu, ela trazia um pedaço daquele pãozinho. E lá, com a sonata já escrita, ele a tocou pela primeira vez.

Naquele instante, Débora enxergou o luar.

Disciplina e Força

Disciplina é Liberdade!

A gente sempre acha que os pássaros são livres. Lógico, eles voam de um lado para o outro, fazem suas piruetas no ar, são companheiros dos ventos e das flores. Falar da liberdade deles é uma boa imagem lírica, uma ótima metáfora, um símbolo gostoso.

Mas são só simbolismos. No fim, eles seguem as ordens implacáveis de seus instintos. Eles não decidem como, muito menos quando, voar. Só voam, e sempre que começam esse ballet no ar, uma necessidade está os obrigando.

Eles nunca voam para atender à sua vontade. É bem o contrário: eles só voam para atender às ordenações de seus estômagos ou de seus modos de vida. A verdade é triste: pássaros não são livres. Eles são apenas escravos.

É parecido com uma romã, que amadurece com o tempo, e não quando quer!

Sabe uma pessoa vaidosa? Ela é escrava das aparências. Gananciosa? Escrava do vil metal. Preguiçosa? Da inércia.

É uma pena! Quem não é livre nunca se desenvolve a ponto de fazer coisas extraordinárias. Sempre fica preso nos limites daquelas algemas invisíveis: os instintos!

Já a pessoa livre pode se desenvolver e realizar coisas extraordinárias! Mas como é possível limitar os instintos e cultivar o hábito de ser livre? Pelo exercício constante da força de vontade!

As regras parecem nos colocar em camisas de força. Pelo contrário, a gente nunca pode ver a simples aparência sem enxergar a essência! Assim como os pássaros são escravos, as regras são a imagem da Liberdade!

Vou dar um exemplo. Aqui e agora, estou tentando escrever um texto mais como uma conversa com vocês, um colóquio, um diálogo, uma boa prosa. Pois bem, sigo uma série de regras, escritas ou não, para desenvolver esse texto de acordo com minhas preferências.

Não posso repetir demais as palavras para não ficar cansativo. Não devo usar palavras que não fazem parte da linguagem popular, senão fico cansativo e arrogante. Mas tantos "não posso" adubam o melhor "posso". O texto só sai com minha cara porque sigo as regras!

E sigo tantas limitações porque minha vontade tem força o suficiente para se sobressair: disciplina é exercício diário de Liberdade!

As individualidades param de escutar os gritos dos vícios e passam a escolher enxergar a suave música de fazer as coisas certas.

Essa escolha é a Liberdade!

24

Serifa

Vocês repararam que eu mudei de fonte?

Até aqui eu costumava escrever em "Times New Roman", uma fonte serifada e que, ao meu sentir, facilita a leitura. Serifa é essa sainha das letras. Vou dar um exemplo, essa fonte é serifada; essa não é.

É que eu quero falar de Walter Gropius e da Bauhaus, e para prestar minha homenagem a eles, resolvi apelar para uma fonte mais direta, objetiva; ou nas palavras deles, mais moderna...

Tinha acabado de terminar a primeira Guerra Mundial. Eu sempre me incomodo de escrever guerra com letra maiúscula. Vamos recomeçar?

Tinha acabado de terminar a primeira guerra mundial. Aquele esgoto a céu aberto, impregnado de lodo, lama e fedor, ainda escandalizava a Humanidade.

Um grupo de artistas, que anos depois seriam estigmatizados como degenerados, vinha tentando experimentar novas estratégias estéticas, devido ao espanto e estranhamento causados pela nascente ordem mundial influenciada pelas opções tecnológicas que brotavam mais rápido a cada dia.

Esses artistas, também auto chamados "Modernistas" se espalhavam por todo o mundo urbano, e por todas as modalidades artísticas. Até aqui, no longínquo e exótico Brasil suas sementes deram maravilhosas flores e frutos.

Abril em Weimar é época de flores e perfume. A primavera dá sabor a toda alegria. Ela explode em felicidade. Foi nesse mês, em 1919, que Gropius fundou a Bauhaus: um dos mais importantes centros de excelência e difusão do modernismo arquitetônico e do design.

Gropius, logo antes de morrer, 50 anos depois, ainda se divertia lembrando que eles eram os velhos degenerados. Um grupo de artistas que convivia, e, por vezes, mesmo de longe, se correspondiam.

Eles CONVIVIAM! Por isso mesmo, colaboravam...

Aliás, colaborar é trabalhar junto! Conviver é andar acompanhado pelos próprios caminhos. Cada um no seu quadrado, mas todos juntos! Eles eram flecha e eram arco!

O objetivo final era um só: encontrar a Beleza. Iriam atrás disso, nem que tivessem de eliminar tudo o que não fosse essencial... Tudo o que fosse acessório, adjetivo, vaidade!

Lembram das serifas? Na busca da alma da letra, eles cortaram o que não tinha utilidade.

No fim, eles se preocupavam com a Beleza essencial. Isso não tem nada a ver com a busca pelo bonito, mas sim com enxergar a alma de tudo! Cortar o que é demais, castrar o que é só bonito para conseguir enxergar o belo! Era exatamente essa a missão da Bauhaus.

ENXERGAR!

Eis que as trevas se tornaram tão densas que qualquer expressão da Beleza era sufocada; As rosas murcharam, as folhas secaram e um inverno tenebroso se instalou na Europa! Degenerada é a violência! O preconceito! A iniquidade!

E lá eles se dissolveram e lançaram seus sons pelo mundo, que retornaram ecos de musicalidade ímpar.

Todos nós já passamos por alguma feira de ciências em que aquela experiência de Newton é feita: um círculo colorido gira tão rápido que parece até branco!

Para respirar a Bauhaus precisava das cores que encantam a diversidade! A dissonância é o âmago da criatividade, é a flor que cresce em fruto saboroso novo, é o alumbramento!

Talvez por isso a maior concentração do patrimônio arquitetônico da Bauhaus esteja lá, na Cidade Branca, diversa e colorida, perfumada e bela!

Escapando de um mundo de chumbo e névoas, parte da antiga turma se reuniu buscando o Sol na América. E os raios do diamante fulgurante inspiraram a construção de uma nova civilização bem no meio do Planalto Central sul-americano...

Mas isso já é uma outra história...

Ou seria a nossa história?

25

Choro: uma palavra feminina

Há pouco eu falei da Bauhaus e de Walter Gropius. Lembram? Eu até usei uma fonte não serifada em homenagem aos princípios daquela escola de pensamento... A gente, inclusive, conversava como ela influenciou um grupo muito especial de arquitetos e urbanistas brasileiros...

Na verdade, enquanto suas ideias eram enxertadas nas mentes deles, esses também plantavam novas noções nos padrões estéticos dela... Ou seja, o Brasil ia se aproximando da Bauhaus, mas, no caminho, ela ia se abrasileirando... Pegando o cheiro da nossa gente, as cores da nossa terra, os traços que amamos...

Oscar Niemeyer, por exemplo. Um dos maiores, senão o maior, gênio da arte arquitetônica, bebeu das águas que jorravam daquele riacho chamado Bauhaus. Mas como um beija-flor, que ao se adocicar com a seiva da suculenta flor se veste com uma camada de pólen e passa a polinizar toda a plantação, ele também derramou o pólen da brasilidade na estética do grupo de Gropius...

Enquanto a turma europeia ainda era fissurada pelos traços retos, ele os ensinou a enxergar a beleza da curva: a sensualidade feminina da sinuosidade. A criatividade é uma mulher! A criação é feminina! O traço reto não pode violentar a beleza tão delas...

Dizem as melhores línguas que não há coincidências nesse mundão de meu deus! Niemeyer desenhou prédios por todo o Brasil e por todo o mundo, mas se deu bem mesmo com os projetos femininos...

A lagoa da Pampulha. A capital, Brasília. A sede da ONU... Mulheres! A Beleza, a Criação, a Mãe!

E lá em Brasília ele tentou, ainda que simbolicamente, corrigir uma violência histórica cometida décadas antes pelo tirano Getúlio.

Ao lado do Planetário de Brasília, no Eixo Monumental, Oscar colocou o Clube do Choro... O mais reluzente astro do universo musical tupiniquim, aquele que, saído do povo, derrama suas luzes sorridentes e floridas sobre toda a nação, estava lá... Num trono urbanístico junto com estrelas, planetas, cometas...

A bem da verdade, quem colocou o clube lá foi o urbanista Lúcio Costa. Mas, é evidente que Niemeyer deu seus pitacos... É que não existe arquitetura isolada, sem entorno... Arquitetura também é urbanismo e vice-versa!

O Choro voltava para o seu Trono!

É que ele também já tinha levado suas rasteiras... Aliás, foi em nome da modernidade urbanística que Getúlio Vargas quase destruiu o Choro e o Samba.

No tempo em que o mar ainda banhava a capital do Brasil, em que as decisões eram tomadas no Catete sob as bençãos do Pão de Açúcar, as mais diversas pessoas jogavam suas ancoras nas terras fluminenses...

Rio de Janeiro: uma cidade da gente e do futuro!

Naquela época, os comuns, porém extraordinários, se cruzavam na praça Onze. Era lá que a pluralidade fermentava: judeus vindos da Europa, negros africanos, nordestinos, ciganos...

A praça Onze era o território dos marginalizados trabalhadores onde morava a diversão, a musicalidade e a criatividade. Já repararam como um grupo de Choro se parece com um de Klezmer?

Quer outro exemplo? Ouça, por gentileza, "Vocalise", do compositor russo Sergei Rachmaninoff. Agora ouça, por favor, o samba "As rosas não falam", do precioso Cartola. Os gramofones trocavam ideias com as rodas de samba!

Foi nesse jardim bem adubado que germinou o lirismo musical de Jacob do Bandolim. Sua mãe, a polaca Raquel Pick lutava pelo apoio mútuo entre as prostitutas traficadas e pela dignidade na hora do sepultamento...

Dizem que ele morreu nos braços do seu grande amigo Pixinguinha... Fala a verdade: esse abraço não é a cara do Brasil?

Eu imagino que muita gente nunca havia enxergado essa parecença tão óbvia... É pra isso que servem as Artes: elas abrem os olhos e os ouvidos da Alma!

Mas nem tudo são flores...

Com asco da voz popular, o autoritarismo varguista, violento e ignorante, destruiu esse rubi histórico e democrático em nome da modernidade urbanística... No seu lugar, o verme conhecido como Avenida Presidente Vargas.

É tão cafona essa auto-glorificação, não é?

Pelo menos a gente sempre vai saber... Quem tentou destruir a praça Onze, a Criatividade, a Democracia, a Beleza, foi o ódio virulento do Presidente Vargas...

Mas a gente sempre vai ouvir a poesia da praça!

26

Fantasia

Na casa da minha tia, tão perto do meu coração. Lá, as memórias continuam sua caminhada fantástica para um mundo em que o amarelo reluz: é conforto, é segurança, é luz e nutrição.

Nesse mundo reluzente e amarelado, onde os sonhos brotam, florescem e dão frutos, estou deitado no chão, naquele salão de mármore e tinta branca. Brinco com alguns soldadinhos verdes.

Verde, branco, amarelo. Lembranças são as rosas que inspiram. Abelhinhas vêm e vão, num balé de trabalho e inspiração. Atrás de mim, minha avó lê o jornal, num hábito tão diário quanto contínuo.

A flor das saudades tem essas vantagens: ela fica, mais e mais, amarela, confortável, saborosa. No tempo da memória, não habita a dor. As abelhas sorridentes, como flechas de um cupido esquecido, continuam suas danças de inspiração.

Ouço a campainha! Uma amiga de minha avó, Dona Danuza, mais parecia um leão retirado que descansava após o resplendor de sua glória. Não é que a mesa estava posta para o chá? Eu, entre batalhas e estratégias, nem tinha sentido os perfumes da erva-doce, do fubá, nem visto a mesa.

Coisa deslumbrante! Toalha branca e florida, pratos verdes e marrons de outono. Bule de prata com chá de erva-doce e camomila. Âmbar líquido e quente que se evapora em mais memórias. E o fubá? O queijo? Os pães? Como eu não tinha notado nada?

Moderação. Essa era uma palavra que Dona Danuza sempre gostava de usar com exagero em suas conversas!

"As boas maneiras, as regras de etiqueta, servem para deixar a todos mais à vontade. Exigem esforço, trabalho, disciplina, mas são as bases da melhor hospitalidade.

Como acolher bem alguém se não o deixamos à vontade? A beleza é essencial, não o luxo! Podemos ser limpos e organizados mesmo sendo franciscanos. Mas devemos nos conter. Só a moderação produz o conforto!

Vou te dar um exemplo: se não estamos trajados de acordo, se não respeitamos a ordem e a vez, não conseguimos deixar nossos convidados sossegados, completos, tranquilos... À VONTADE!

MODERAÇÃO!

É trabalho duro, mas é cuidado e carinho com os outros..."

Toca a campainha novamente. Era minha mãe! E, como mágica, não há mais Dona Danuza, nem mesa, nem prato, nem chá, nem mais nada... Eu continuo, com meus canhões, derrotando batalhões de alemães.

Minha avó fecha o jornal...

27

Ophicleide

Hoje em dia é muito fácil. É só entrar no Google que as respostas vêm, como formigas comendo restos. Na minha época, tudo era diferente. Melhor, diriam os saudosistas.

Tinha a Barsa, a Mirador, a Larousse. Até o Manual do Escoteiro Mirim eu tinha! Para quem gosta de passado, amarelo como ouro, tudo é motivo de lembrança. As memórias são rios que passam, mas nos deixam felizes e molhados.

Tem uma turma, entretanto, que acha que essa aparente facilidade veio para ficar. É a turma de cabelo ao vento, que pensa que o novo sempre vem. Para essa gente, é só dar uma gugada e pronto.

Um dia, meu avô passou lá em casa, como era o costume. Ele queria ver os netinhos e o canarinho. Depois, ia para a praça da Matriz conversar com o seu Tosta. Eu não sei bem o motivo, mas fui levado naquele dia.

Lá na praça, enquanto eles conversavam, dava para sentir o cheirinho de pão quente vindo da padaria Paris. Aliás, é naquela rua que descia até o Mercadão que haviam vários comércios árabes e uma loja de uma família judaica.

O tio Jimmy adorava contar a história de como fora salvo e acolhido pela comunidade árabe de Jacareí quando, como que por milagre, um pequeno, mas gigante, sinal o tirou do trem para Auschwitz e os trouxe para Jacareí.

Aquele cheirinho de pão me lembrava da minha avó... Qual? A Rosinha. A Tereza era uma das melhores cozinheiras que já pisaram nas terras jacarienses, mas era a vó Rosinha que fazia chás, bolos, quitutes mineiros e pãezinhos.

A vó Tereza era uma (quase que sai um palavrão agora) cozinheira. Mas as especialidades dela eram outras: feijão, arroz, carnes, frangos, empadas... E o melhor bolinho caipira!

Vamos combinar que o cheirinho de fornada lembra mais a vó Rosinha.

Sabe quem estava na praça aquele dia? O Miguelzinho. Enquanto a gente corria e brincava, o avô dele tocava no coreto. Parecia até uma pintura de Heitor dos Prazeres. Era um grupo de Chorinho e ele tocava o Ophicleide.

Eu fui ouvindo aquelas notas e um encanto subiu pela minha espinha. Dizem que foi um alumbramento, uma epifania. Vai saber. Eu já era uma criança precoce e excêntrica. Gostava de Playboys e Óperas. Aprender Ophicleide já era demais!

Fora que, onde achar um professor disso em Jacareí? Se o povo mal sabia que esse instrumento existia... A verdade é que já não estava na moda. Não era um violão, nem um piano...

OPHICLEIDE!

Quando a dona Raquel Pick chegou no Brasil, esse era um instrumento do gosto popular. Chorinho, na praça Onze, era com Ophicleide.

Teve uma vez, no finzinho da aula, que a gente estava jogando *STOP*. De repente, instrumento musical com "o". Estufei o peito e escrevi OFICLEIDE! Na hora a turma começou a reclamar.

"Isso nem existe!" "É o nome da amiga da sua vó!" "Você tá roubando!" "Vai perder os pontos!" E o Miguelzinho quieto! Quieto! Eu nem acreditava naquela milonga... De repente, estava sobrando pescoção para todo mundo!

Se existisse Google na época!

Quando eu escrevo, e talvez seja isso, eu nunca costumo deixar tudo mastigado para o leitor. Quero que ele se envolva comigo, igual aos cavaletes de cristal da Lina Bo Bardi, que obrigam o movimento para o conhecimento total da obra!

Dê uma gugada! Procure na Barsa! Use a imaginação! Escreva comigo!

Vamos, juntos, descobrir que saber tocar é muito mais importante que só ouvir a música, por mais linda que seja!

28

O Acorde

Tem modas que matam. Elas sujam de sangue quem as empunha e quem delas é vítima. Modismos, caprichos: o recheio de gente vazia. Esses, que parecem um pastel de vento, jogaram no lixo o pensamento. Avacalharam o estudo!

Assassinas modas!

E não me refiro aos autoritários de meia tigela! Esses acusam tudo o que não gostam de fascismo, mas, quando o real aparece, calam-se. Brigam, polarizados, mas não entendem que os maiores prejudicados são eles mesmos: perdem a beleza da diversidade e caem no ridículo da zombaria popular.

Essas pessoas, que acham feio tudo o que não é espelho, nunca sentirão a sublime poesia dos versos de "Resposta ao Tempo", de Aldir Blanc, cantados pela insuperável voz de Nana Caymmi.

O modismo aniquilador tem nome: antissemitismo!

Chaga humana que ainda nos atormenta. É aquela mácula que, desde os tempos de Hamman, e talvez até antes, impede nosso total desenvolvimento. O preconceito é como a falta de luz solar, que facilita o nascimento dos mofos horrendos e fedidos, e impede o crescimento saudável das folhas, flores e frutos.

Teve um tempo em que eu ouvia mais as composições de Richard Wagner. Daniel Barenboim e Zubin Mehta haviam me convencido de que a força e a beleza daqueles acordes só produziriam dor e sofrimento se ouvidos, mas nunca escutados, pelos torpes e sujos.

Hoje, após estudar mais, sei que eles constituíram as bases funestas sobre as quais foram erguidos os moedores de carne que vitimaram milhões de pessoas nos falsos e fétidos altares de Moloch: a exclusão incompreensiva!

Não ouço mais. Até mesmo porque obedece quem tem juízo. Se a Ana Rosa me pegasse numa dessas, eu sentiria os espinhos que se guardam sob o olhar de cuidado, carinho e ternura.

Wagner era antissemita! Talvez o fosse pela modinha da época, mas a verdade é que era. A gente nunca vai saber se ele era um ignorante convicto, ou se era só um covarde fraco, que cedeu às pressões para participar das rodas de influência e vender suas obras.

Mas, do mesmo jeito que a música wagneriana pode ser ouvida pelos ímpios monstros que desprezam a civilização, ela também pode ser escutada pelos puros de alma, construtores de um mundo para todos! Juntos...

Na abertura da ópera "Tristão e Isolda", tem um acorde dissonante, o chamado "acorde de Tristão", que fica, digamos, em aberto, esperando uma resolução sonora. Algo como se o acorde de Tristão chamasse por um outro som. Só que esse nunca vem.

Imagine que a gente esteja passando uma tarde em Itapoã. De repente, naquele descanso vazio, chega uma cachaça de rolha. A gente já espera uma porção, um violão. É essa espera que o acorde parece criar.

"A música vai continuar por aqui", pensamos. Mas ela nos surpreende, deixa aquela ponta solta, e continua por outras trilhas. É uma música indomada, mas ainda enjaulada.

Dizem os músicos e entendidos que esse acorde abriu as cortinas para a grande revolução estética da música: o dodecafonismo. Ainda não é dodecafônica, mas ela foi abrindo a clareira em que a nova tonalidade armaria acampamento.

Se a gente ouvir a ópera com atenção, vai escutar esse acorde sem fim desde a abertura até o fim: ele sempre estará lá. Meio sem forma, sem eira nem beira. Só no finalzinho, umas cinco horas depois, ele é solucionado.

Se um ouvido límpido e puro o escutar, dirá que ele é a imagem musical da resistência. Aquela que passa por torturas, obstáculos, dificuldades, mas no fim triunfa deslumbrante, e, com seu manto iluminado, constrói um novo destino para toda a Humanidade!

Resistência! Mais que o ovo, fonte de nutrientes que, cozido, se torna sólido e único. Como as cerâmicas de Cunha, que ganham solidez, cores e formas inéditas após passar pelo fogo!

Wagner era antissemita! A música wagneriana não precisa ser! Só depende de nós! Juntos!

29

Cores da Esperança

O que são as Artes? Desconfio que ninguém seja capaz de defini-las, até porque essa seria uma definição tão absurda quanto inútil. O ser humano pensa, imagina, sonha. Por isso faz Arte!

Desde criança, pinta o sete!

E, tal qual o pensamento e a imaginação, a Arte é uma fuga e um entendimento. Ela nos ensina a encarar e enxergar a realidade. Fugimos das ilusões para aportar nas praias da verdade.

Vivemos em um mundo onde explodem as cores, os sabores, o sorriso e o samba! Precisamos entender que rir demais é desespero! Precisamos parar de jogar nosso lixo embaixo do tapete!

Talvez por isso fosse necessário um Lazar Segall, com seus temas desesperados, para nos fazer entender as misérias dos excluídos. Ele sabia onde o calo dos que eram expulsos doía!

Ao mesmo tempo, se analisarmos as gravuras e até as músicas produzidas nos malditos campos de concentração e extermínio, enxergaremos as cores da esperança. É que, numa realidade de terror, resta o sonho de um futuro livre e pacífico.

Sabe um povo que se torna mais sólido e especial depois de tanto ódio e perseguição? Desde antes de Haman, quando eram sorteados os aniquilados, até os discursos nojentos de líderes políticos atuais, que inflamam as hordas perseguidoras, tanta pressão fez surgir do carvão o diamante.

As cores da esperança ganharam em quentura e alegria! Não dá nem para imaginar a civilização sem tantas pedras preciosas que, apesar de tanto chorume, despontaram e continuam a florescer!

E daí, o povo da ginga e da malemolência entende que, assim como precisam do monocromatismo da desesperança, os excluídos se nutrem da alegria esperançosa de tantas tonalidades.

Talvez as Artes sejam isso. Enquanto aprendemos, com Lazar, as dores, enxergamos, com Yair Emanuel, as cores da Esperança!

30

Chutzpah

Vários idiomas têm suas peculiaridades e lirismos. O português, por exemplo, tem a palavra "saudade". Essa palavra, sem similar em outras línguas, é como uma poesia. É até possível traduzi-la para outros idiomas, mas o essencial, a alma do verbo, acaba se perdendo.

"Eu sinto falta" só é igual a "eu tenho saudades" para quem nunca enxerga com o coração. Aliás, enxergar com o coração...

Acho que gosto tanto dessa língua portuguesa, tão abrasileirada, pelo tamanho do lirismo que ela carrega. É uma linguagem adubada pela diversidade, temperada pelo diferente, com suas curvas e rococós que obrigam todo literato, se quiser se comunicar, a sair de suas limpas celas de alabastro para se lambuzar com o melaço popular!

Língua portuguesa do Brasil! LÍNGUA BRASILEIRA!

Chutzpah não é português. Vocês já devem ter desconfiado, claro. Na verdade, nem se fala como se lê. É assim, Rrutzpá! Para a gente, brasileiro, ela também não tem exata tradução.

Audácia, ousadia... É o mais perto que eu consigo chegar. A gente precisa abrir o entendimento da alma para beber desse significado. Ela é uma palavra que vale uma poesia inteira!

Talvez, com arte, com literatura, seja mais fácil levar esse entendimento ao sentimento...

Yayoi Kusama! Artista japonesa das mais vibrantes e criativas. Ela traduz as alucinações que vê em imagens. O que ela tem? Não faz diferença. A verdade é que ela mora numa ala psiquiátrica de um hospital, e a dificuldade dela virou sua facilidade!

Ela só se expressa por ter essa condição mental!

Mas, cadê a *chutzpah*? Bem, ela nem sempre foi tão conhecida e famosa. Por volta dos anos 60, ainda era uma anônima, uma aspirante a artista. Deu 5 minutos nela, e saiu a vender tudo que tinha.

Estava com uma ideia fixa! Ia expor na Bienal de Veneza, mesmo sem ter sido convidada. Depois de tudo vendido, ela conseguiu comprar uma única passagem de ida até La Serenissima de São Marcos.

Ganhou fama!

Virou Yayoi Kusama! Sua mensagem ganhou o mundo!

Foi e fez!

Vamos sair da Terra do Sol Nascente e voltar para o Brasil?

Ruy Barbosa era daqui. Bahiano arretado! Ficou indignado com a injustiça do caso Dreyfus, e, mesmo sendo de uma terra exótica, distante e caricata, pôs a boca no trombone! Vestiu as sandálias de dreyfusard e foi um dos primeiros a escrever sobre isso.

Antes até do "J'accuse" de Zola!

Foi e fez!

Ainda falando de uma brasileira, mas em terras alemãs, que tal lembrar da "Justa entre as Nações" Aracy Guimarães Rosa, o "Anjo de Hamburgo"? Ela, esposa de Guimarães Rosa, chefiava o serviço de passaportes do Brasil na Alemanha. Era época de trevas, perseguições, injustiças, exterminio.

Ela, luz que aniquilava a escuridão imperante, salvou milhares de judeus concedendo-lhes vistos para que entrassem no Brasil.

Foi e fez!

Seu marido até se inspirou nela e na *chutzpah* para escrever que "o que a vida quer da gente é coragem".

Que coisa! As lágrimas descem dos meus olhos sempre que penso nas violências cometidas, nas fogueiras das iniquidades! Mas, ao mesmo tempo, sinto um pingo de esperança com todos esses seres humanos iluminados...

Só um pingo, infelizmente...

31

O Nome: Moisés

Moisés era O Nome! É!

Era no tempo das calças curtas, quando as lembranças ganham o manto amarelado da névoa de ouro. Eu mal tinha saído da casca do ovo... Acho que fraldas ainda me acompanhavam.

Trapacinha era o nome da escolinha pré-primária. Tudo tão gostoso. Lembro bem da hora da merenda, com musiquinhas, filas e bisnaguinhas... O símbolo da escola era um mico fazendo traquinagens e segurando um diplomazinho. Será que ele usava chapeuzinho de doutor?

Às vezes o esquecimento esconde tesouros da gente que acabam se perdendo nos ventos do tempo. Depois, topamos com ele de repente, do nada mesmo, e a gente percebe que aquele ouro imaginário não era nem tão reluzente... Devia ser só latão...

O valioso é lembrado. Sempre.

Mas... E o mico do Trapacinha? Usava quepe de formatura? Melhor preservar minhas memórias: esse chapéu era tipo um gato de Schrödinger – existia e não existia!

É por isso que gosto das lembranças. Elas são os mosaicos da alma, e sempre que falta uma pedrinha, a gente completa na base do instinto, sem perceber, sem maldade... Na raça! No fim todos nós somos os poetas de passado.

Escrevemos a Beleza a partir dos fragmentos lembrados... E essa poesia vira a nossa realidade! Tão genuína quanto individual.

E quem abria as portas "praquele" mar de crianças entrar? Tio Moisés. Sempre usando um cabo de vassoura para destravar os ferrolhos de cima... E conhecia todos pelo nome! Como pode?

Perguntava da nossa mãe, do nosso pai, da "avozada", dos irmãos... Nome por nome, tintim por tintim. Naquele tempo, aula era só pintar o sete. Com molejo dá até pra ouvir as brincadeiras de criança... Como é bom! Como é bom!

Tio Moisés ensinava a lavar as mãos, agradecer ao Papai do Céu, ficar de bem com os amiguinhos. E no meio de tanta zoeira saborosa, ia saindo a arte da vida. Criançada apronta! Vai ter energia assim na casa do chapéu! Mas a nossa arte ia sendo disciplinada por ele. Como viver? Acho que foi ele que ensinou...

Até pra descansar a gente precisa ser disciplinado. É isso, ou ficar sem fazer nada, matando o tempo, pra terminar cansado!

Sexta-feira. Ia ele com aquele cabo de vassoura, parecendo um cajado velho. O portão era o obstáculo que impedia nossa passagem. E ele levantava o cabo e destravava as trancas de cima.

Ainda murmurava umas coisas que ninguém nunca ouviu... Acho que essas palavras se perderam...

E, finalmente, abria as comportas. A criançada, "liberta", corria para o colo das mães. Toda vez uns riam, uns cantavam e outros choravam! Parecia que tinha gente com medo do novo, do ar, do vento...

E a gente ia saindo. Aos poucos. Mas antes da gente sair e cair na vida, ele sempre falava:

"Pessoal, ninguém se esqueça de descansar amanhã!"

32

METALINGUAGEM

Meu desejo sempre foi traduzir a sabedoria ancestral dos gigantes de outrora em fantasias, sonhos e memórias. Algo como Carlos Gomes fez quando musicou o espetáculo do nascimento de um novo dia em sua Alvorada. Como traduzir em música o levantar do Astro Rei?

Como explicar o lirismo e o sabor do sentir em palavras? Como iluminar a ignorância do desconhecido? A racionalidade busca lógicas para justificar os desejos mais essenciais, mas as emoções acabam sendo as regentes do nosso comportamento.

Será que Champollion teria decifrado a Pedra da Rosetta sem saborear o espírito egípcio? Eu não tenho essa resposta. Para ser sincero, prefiro nem ter. O fato é que ele decifrou a chave alva para traduzir aqueles hieróglifos e banhá-los com as Luzes da Ilustração.

No entanto, assim como uma simples pedra marcada pode gerar tamanha iluminação, novos conhecimentos são sementes poéticas para toda a Humanidade: Razão e Emoção num abraço fraternal na jornada em busca da Verdade.

Por vezes, somos afogados nas águas violentas da tormenta. O mundo, tão cru e bárbaro, sempre me lembra que nem sempre o sonho é uma trilha aceitável. Que covardia é essa para que eu me esconda numa poética alienante?

É nessas horas que subo nos ombros dos gigantes. É de lá que vejo mais longe. Mas não adianta subir até as estrelas se eu não entrar nas cavernas do meu coração.

É lá que encontro as ferrugens, mas também ferramentas para a construção constante do caminho que leva às luzes da Sabedoria!

É lá que encontro a pedra e a chave para traduzir a alma popular!

AM ISRAEL CHAI!

33

"Quem fala demais dá bom dia a cavalo!"

"Pixinguinha e os Batutas estão denegrindo a música brasileira perante Paris! Quem aquela corja pensa que é para destruir a imagem cultural brasileira perante a sociedade europeia? Precisamos fazer algo, reagir, urgentemente!"

Infelizmente, essas palavras carregadas do mais fétido odor do chorume preconceituoso e do ódio racial estão grafadas e eternizadas nos anais da Câmara dos Deputados brasileira. Pelo menos esse inculto ignorante não se esconderá sob os mantos covardes do anonimato.

Arthur Rubinstein dizia que era melhor ser surdo do que ouvir certas nojeiras. No nosso caso, ler. Ele soubera dessa burrice colossal pela boca de seu grande amigo Villa-Lobos, num sarau na cidade Luz. Villa ria de como o cipó de aroeira costuma cantar no lombo de quem tenta açoitar.

É que, para "reparar" a imagem da música brasileira, depois do "estrago" feito por Pixinguinha, os deputados mandaram Villa-Lobos para uma série de concertos parisienses.

Nunca se deram ao trabalho de, ao menos, pesquisar minimamente a obra e as influências dele. Se o fizessem, saberiam da centralidade do popular, do chorinho, da brasilidade amazônica, em sua obra. Teriam noçao da admiração de Villa por Pixinguinha!

"A música clássica, no Brasil, é o Amazonas no mar! É rir e chorar!", ele sempre gostava de brincar, explicando que o chorinho, nesse diminutivo tão brasileiro, era a Erudição Tropical!

O chorinho era um Bach adubado: influências de uma Europa oriental ainda pouco conhecida misturadas com brasilidade mestiça e alegre... Das Bachianas para os choros, há beleza e força. Há completude! Paz!

Rubinstein também era, como Villa, um forasteiro. Acho que foi por isso que essa amizade entre os dois deu tão certo. Enquanto Villa gostava do barulho da floresta, Rubinstein apreciava o silêncio da neve.

"Nada como os sons do silêncio", repetia. Entre uma nota e outra, há um silêncio que faz parte da melodia. Mais do que notas se sucedendo, não seria a música os silêncios entre os sons? Um rio nunca seria como é se não fossem as margens...

No fim, era isso: entre a fúria do som e a paz do silêncio, nasce a música... E, com ela, os sentimentos humanos: o sorriso, a lágrima, a beleza, a repulsa, a rosa... A música nos faz imortais...

Todo mundo conhece o Pixinguinha, o Villa, o Rubinstein e vários outros. Ninguém lembra quem foi o boçal que falou demais, no plenário da Câmara dos Deputados, e terminou dando bom dia para o cavalo!

34

Ressurreição

Amanheceu um dia tão perfeito que sua imperfeição mostrou as garras. O sol brilhava, a temperatura estava agradável e a leve brisa convidavam ao sorriso poético daquela terça-feira.

Era uma terça como tantas outras paulistanas: um dia que parecia existir apenas para gritar que os estereótipos não existem. Quando tomamos os atalhos dos clichês, sempre caímos em um beco sem saída lamacento.

Aliás, é melhor a longa e árdua trilha do entendimento, que desemboca em clareiras ensolaradas e certas, do que a senda dos falsos atalhos, curta e enganosa como um preconceito, que nos leva a atoleiros fedorentos e escuros.

É melhor o caminho longo e certo do que o atalho curto que esconde armadilhas!

O dia estava assim: lindo como só São Paulo!

Eu que não estava...

Não era nada físico, palpável. Meu nariz não escorria, minha cabeça não doía, meu intestino funcionava bem... Entretanto, minha vontade parecia ter vestido uma camisa listrada e saído por aí...

A cama não saía de mim! Deitado, despedaçado, dolorido, mas sem dor nenhuma... Uma condição muito comum. Um lembrete constante e embalado em um laço bonito e cheiroso dos meus fracassos.

No fim, eu sou humano... Demasiadamente humano!

Como dizem lá em Jacareí: "Vocês veem as pingas que eu tomo, mas não os tombos que eu levo..."

No fim, eu sou isso... Na cama com pijama! E a cada compromisso desmarcado, era uma nova avalanche a despencar sobre mim, me enterrando ainda mais nas profundezas desanimadas e nada líricas.

O meu interior franzia o cenho para mim mesmo: eu era o condenado de minhas reflexões, o miserável da alma. Sair era plantar novas sementes, é empreender a viagem da convivência, é enxergar! Ficar é jogar tudo no lixo!

Mas... Eu não vou a lugar nenhum!

NENHUM!

Nem que me queimem nas fogueiras inquisitoriais, não irei! Tudo é maçada, diria meu amigo Zé, que tinha, uns anos antes, ido viver no mundo amarelo das saudades e dos sonhos...

Desde aquele dia, não vi mais o João... Tomamos uma cachaça juntos em homenagem ao portuga! Tinha morrido na Espanha, parece. Bom para quem nascera em Portugal e acreditava piamente na União Ibérica!

A lembrança plantou um sorriso em mim. Já não me sinto mais tão atolado no brejo entediante das condenações. Ainda estou preso. Enterrado, não!

Toca o telefone... Celular não rima com quarto. Até eu tomar coragem para ir atender na sala, já se vão três toques... No visor, vejo UBALDO. O que será que o João quer comigo? Seria engano? Será que um trombadinha surrupiou o celular dele e quer me passar um golpe?

Ele mesmo que falava. Foi das últimas vezes que ouvi sua voz. Estava em São Paulo para receber mais um daqueles prêmios que servem só para acumular poeira e apimentar o narciso de cada um...

Fazia questão de conhecer meu escritório... Assim ele falava: "escritório". Queria saber onde eu comia uma maravilhosa pizza paulistana. Queria entender por onde minha boca salivava.

Eu até tentei me esquivar, mas o baiano era arretado e o meu algoz interior nunca me perdoaria por tamanha oportunidade perdida. Dizem que quando o cavalo passa arriado em nossa frente, devemos ter a coragem de pular em cima e cavalgar...

A vida quer da gente é coragem, já dizia o Rosa dos Campos Gerais...

Lá na esquina em que a Deusa Diana se encontra com o Guerreiro Caiubí, nos limites dos vôos das Perdizes que se transformam numa Pompeia, lírica e incandescente, ficava a melhor pizzaria de São Paulo... Pizza e literatura! Shakespeare napolitano... Paulistano!

Pequena, aconchegante e despretensiosa. Lá as belezas ilusórias e efêmeras cediam lugar ao sabor.

Quando o João chegou e me viu naquela mesinha de latão posicionada na calçada, foi a vez dele rir e falar: "Isso que é escritório!"

Puxa, o Zé faz tanta falta, continuou... Ele gostava muito do que você mandava pra gente. Comentava bastante, daquele jeito carrancudo e lusitano, que "o menino era uma dessas flores do Lácio que a gente deve cultivar...".

Pra ele, a escrita era um trabalho como o do pedreiro. Escrever é construir. Todo dia, não importa a vontade ou o misticismo da inspiração, a gente tem de sentar e escrever. Não importa nada. Só escrever...

Disciplina na escrita, é pra isso que a vida chamou a gente! Olha o tamanho da nobreza: somos os operários das letras!

OPERÁRIOS!

Mas... Operários devem beber... Vamos de que?

Chamei o Luiz, o dono daquela preciosidade, e pedi uma porção de massinha assada pra gente beliscar, uma garrafa de Peverella e duas doses de pinga!

Frisei a palavra pinga... Quem quer ser popular não pode ser esnobe a ponto de só tomar cachaça. A pinga é a cachaça do povo... Do operariado! Peverella é um vinho brasileiro, delicioso e sem tanto fru-fru... Fora que tem um rótulo tão lindo que deixa tudo mais gostoso...

Meu conhecimento de vinhos é tão profundo quanto os rótulos! Só bebo coisa bela!

O Luiz parecia ser um dos poucos a reconhecer o João... É que ele é fotógrafo... Faz poesia com imagens! Agora, o lirismo dele está nas redondas...

Quando o Luiz chegou enchendo a mesinha, o João voltou a falar do Zé: "Sabe o Borges? O Zé adorava provocar, chamando-o de 'o sem-Nobel'. Pois bem, ele gostava de dizer que temos de nos orgulhar de cada livro lido, e nunca devemos ter orgulho de nada escrito!"

É que, segundo ele, contava o Zé, as histórias que a gente escreve, tudo o que é escrito, vai tomando vida própria. Escorre por caminhos que a gente nunca havia pensado! É a história que escreve o escritor!

Pensa bem... Eu era um João, anônimo e ninguém, antes das histórias escritas. Foram elas que me colocaram no mapa... Mais ninguém! E a cada linha, tudo o que eu escrevia ia correndo por caminhos impensados... No fim, ela se escrevia quase que sozinha, e eu ficava diferente, ganhava novas palavras, ideias, pensamentos...

O escritor não escreve! Ele é escrito!

O portuga adorava a historinha do caleidoscópio. É a nossa mão que gira o tubo, mas as imagens acabam se montando por si mesmas... E será que depois de enxergar as imagens nós somos os mesmos? Será que contaríamos as mesmas coisas?

No fim, Mercutio daria uma risada e falaria: "Dai-me uma cobertura para o rosto. Em cima de uma máscara ponho outra. Que me importa que o olhar curioso possa perceber a feiúra?"...

Perseverança e Beleza

Perseverar não é dar murro em ponta de faca!

Não! Isso é loucura, insanidade e até um pouco de masoquismo... Perseverança é a análise da situação para, enxergando a beleza de suas diversas facetas, descobrir a melhor maneira de superá-la.

Perseverar é enxergar para superar!

Por isso, a sensibilidade estimulada pelas Artes é tão essencial: é ela que abre nossa alma à percepção dos pontos antes invisíveis para nós. Esse é o motivo pelo qual a importante racionalidade não basta!

Para perseverar, precisamos do bom casamento entre a razão intelectual e a sensibilidade emocional.

Quando entrei pela primeira vez como um calouro, ainda sem ter saído da casca do ovo, na Faculdade de Direito do Largo São Francisco, passei primeiro pelas três arcadas principais, que homenageiam grandes poetas brasileiros...

Castro Alves... Álvares de Azevedo... Fagundes Varela...

Ninguém entra no templo do Direito sem antes prestar um tributo ao lirismo, à poesia, às Artes!

Logo depois, li um cartaz colocado por algum grande escritório de advocacia. Sabe como é, né? Os estagiários são o oxigênio da advocacia...

O cartaz dizia algo como: “O bom advogado não é quem diz ao cliente o que ele pode ou não fazer. O bom advogado é quem dá a solução para o cliente fazer o que tem de ser feito!”

Durante os anos em que passei na faculdade, isso me intrigou. Era como um enigma lógico que quase chegava a conflitar com a Ética! Mas, aos poucos, fui entendendo melhor...

A gente só enxerga as melhores soluções quando alia alguma técnica com a sensibilidade lírica proporcionada pelas Artes: ninguém conhece tão bem o drama habitacional urbano brasileiro sem conhecer, por exemplo, O Cortiço, de Aluísio de Azevedo...

Será possível enxergar o drama agrário nacional sem passar por Morte e Vida Severina, de João Cabral de Melo Neto? Ou pelas fotos da exposição Terra, de Sebastião Salgado?

E a questão racial, então? O Navio Negreiro, de Castro Alves, é parada obrigatória.

Ou as pinturas de Beatriz Milhazes, Maria Auxiliadora... A musicalidade de Cartola, Adoniran Barbosa... O trabalho de Mana Bernardes?

As Artes nos ensinam a enxergar... a perseverar!

35

ENXERGAR!

E o carro se perdia na estrada reta. Plantações intermináveis para todos os lados. Caminhões que passam. Usinas. Cheiro de cana queimada, processada, colhida. Pamonhas da beira...

Enxergo o futuro, a prosperidade, a esperança!

Enxergo!

Meu pai ao meu lado, dirigindo. Minha mãe no banco de trás, comentando. Terra roxa. Flamboyants. Acácias-rubras. Caminhões... De novo caminhões. Mar verde de tanta agricultura!

Enxergo vida, felicidade e paz!

Bois, criação... O cheiro tão aconchegante do esterco...

Enxergo lar, café e queijo!

Capital federal, Brasília. Ousadia de JK, pérola da Inconfidência. Prosa até não poder mais. E a Catedral, então? Obra-prima de Niemeyer... Perseverou, estudou, tentou e foi desenhando aquele cálice... São mãos que louvam... Vitrais, anjos e espírito.

Enxergo o Altíssimo!

Ele é invisível, porém "enxergável". A gente só enxerga com a alma... Com os olhos, a gente vê! A maestria do arquiteto não foram os traços, tão sublimes quanto curvos, mas sim a capacidade de fazer-nos enxergar a imensidão maravilhosa do Criador...

Supremo Arquiteto do Universo.

Com a Capela Sistina foi a mesma coisa. Sabia que ela foi inspirada nos relatos bíblicos do Templo de Salomão?

Michelangelo se perdia nas pinturas... É que tantos gênios já tinham vindo antes dele...

Mas as ideias não se domam. Elas crescem, dominam e, quando maduras, são tão irresistíveis quanto as mangas perfumadas e doces... Ele não queria contar uma historieta em quadrinhos da criação.

Não!

Isso seria reduzir o espírito simbólico ao literal. Seria como tentar ser mestre do Criador... Só os arrogantes e egocêntricos fariam isso. Aliás, contam que o secretário íntimo do papa exigia que assim fosse feito...

Michelangelo queria outro caminho. Original, inovador, dele. Ao invés de contar a criação com imagens, queria que todos, ao penetrar naquela capela, enxergassem a presença do Criador.

Anos pintando, desenhando, refletindo. Perseverança incansável. Trabalho exaustivo. Resultado encantador.

Cinco séculos de suspiros, lágrimas e admiração. Quem vai até lá enxerga...

ENXERGA!

Grande Arquiteto do Universo.

36

Maratona

Eu gostaria de ter escrito este capítulo no dia 25 de julho... Hoje já é dia 29. Como diz o ditado, "sempre que D'us vê nossos planos, Ele ri". Também, pudera, os planos são Dele! Claro que a gente tem de se planejar para tudo. Mas também devemos ter a flexibilidade para adaptar o que foi planejado às novas circunstâncias.

É que 25 é o dia do escritor! Seria uma forma de homenagem. Logo no dia seguinte, 26, seria a Cerimônia de Abertura dos Jogos Olímpicos de Paris 2024. Todo escritor é um maratonista! Vai escrevendo, às vezes se perde, se cansa, cai, mas volta a se levantar, e o rio da narração volta a correr por caminhos novos, originais, diferentes do plano inicial.

O traçado da maratona está lá! Mas cada atleta tem sua estratégia, sua história, alimentação, treinos... Seus CAMINHOS! As ideias iniciais do escritor indicam um destino, mas cada palavra puxa outra por trilhas até então desconhecidas e impensadas. Claro que a gente sempre olha na bússola, procurando uma certa direção...

Mas, assim como o rio contorna as pedras em seu leito, a história vai se escrevendo, e a gente tem de escolher novos, e sempre melhores, caminhos que nos levem ao final.

O maratonista é um escritor! O lirismo está em sua corrida leve, está em descobrir os melhores caminhos dentro do caminho. Isso é perseverar! Buscar novas alternativas para superar obstáculos. Essa é a missão do maratonista! Essa é a busca do escritor!

Perseverança!

Quarenta anos desde Los Angeles, 1984, Olimpíada em que ocorreu uma das imagens mais emocionantes de todos os jogos olímpicos. Aliás, ela é uma fotografia que sempre aparece. Em toda cerimônia de abertura, ela está lá.

Fotografia é uma espécie de arte que também estimula a gente a enxergar! Essa foto é A PERSEVERANÇA!

Nunca vi a fotografia da maratonista que levou o ouro em Los Angeles. No entanto, é bem comum a lembrança de Gabrielle Andersen, que ficou na trigésima sétima posição naquela prova. Antes de Los Angeles, as mulheres eram proibidas de disputar maratonas olímpicas. Aquela era a primeira. Um marco.

Gabrielle perdera a última estação de água. Desidratada e desorientada, além de estar com fortes cãibras, ela levou intermináveis sete minutos para percorrer os 500 metros até o Los Angeles Coliseum. Mancou, chorou, quase caiu, mas perseverou... Venceu a linha de chegada.

Caiu!

Ouviu os fortes aplausos!

Público! Todos!

Trigésimo sétimo lugar.

Vitória!

37

O MASP SAMBOU!

"Você gosta de mágica?"

Quando ela perguntou isso, Érick tremia mais que vara verde. Fora uma brincadeira de faculdade. Ele bebeu mais, ou menos, do que deveria e desafiou quem quisesse ouvir: "Vou escrever para a Lina Bo Bardi!"

Será que ele poderia imaginar que ela ia responder? Ainda mais, chamando-o para um café no seu ateliê... Que loucura! Coisa de doido uma pessoa tão importante quanto ela dar atenção a um simples estudante.

Ela repetiu a pergunta, num tom típico do Lácio, quase que gritando.

"E então, mágica! Gosta ou não gosta?"

Ele sentiu a perna bambear... Era tímido. Ainda não acreditava naquele convite. Lina era como uma pop star das artes! Ele, um estudantezinho! Achou a pergunta até meio ofensiva: "Mágica? Eu sou criança, por acaso? Tenho cara de quem gosta de circo?" Claro que essas palavras nunca viraram sons... Elas se perderam no mundo turbulento e silencioso da mente.

O que se ouviu foi uma hesitação gaguejante... "G... Gosto."

"Então, senta aí! Eu te sirvo um café! Você sabe quem foi Houdini?"

Ainda sem entender o rumo da conversa, continuou mudo, enquanto ela apertava aquela garrafa térmica preta. Pelo jeitão, o café estava frio. Era do dia anterior...

"Eu gosto dele assim. Curtido. Amanhecido. Quando eu vim para cá, a gente era tão pobre que o café tinha de durar quase uma semana. Café quente era luxo. O meu escritório, antes de ser bombardeado, já estava às traças mesmo... Para que café fresco?

Mas era do Houdini que eu estava falando... Tinha o mesmo nome que você... Não era bem o mesmo, mas parece igual. Erich Weiss. Judeu húngaro de Nova Iorque... Acho que ele precisava de um nome mais exótico para fazer fama... Houdini, italiano como eu: gente da mística, do lirismo, da emoção...

Depois de cada show dele, todo mundo ficava com uma pulga atrás da orelha... Pulga? Era um elefante! Era a semana inteira falando só disso! Cada mágica, uma emoção... Uma lembrança!

A memória mora no sentimento! Sabe o cheiro da sua avó? A tosse do seu pai? A colônia que sua mãe usava? Você se lembra tão bem disso, né? Todo mundo! A gente só lembra daquilo que nos afeta! Do afeto!

Mágica é isso! É gerar sentimento para adubar a memória!

A poesia é a magia das letras... É isso que eu procuro com meus projetos! Eu nunca faço nada mastigado. Quem está nas minhas obras projeta comigo, constrói ao meu lado, se emociona!

Arquitetura é a emoção do tijolo... Do concreto, se a gente for modernista..."

Riu da própria piada... Tossiu um pouquinho... Já idosa, continuava com os trabalhos.

Erick começou a perceber a tônica da conversa. Ela queria que ele pudesse enxergar... Perceber com a alma: com mística, lirismo e emoção! Olhou pela janela. Viu toda São Paulo lá do alto... Antes que pudesse tentar qualquer balbuciante palavra, ela tomou um fôlego e voltou:

"Sabe a 'Ópera dos Três Vinténs'? Eu projetei a montagem dela lá nas ruínas do Castro Alves. O fogo tinha levado tudo. Tudo! Um horror! Mas a turma persistiu. Quem fica parado é poste!

Então, a gente fez uma poesia a partir do que tinha sobrado! Vísceras do teatro refletindo as entranhas populares!

Todo mundo lembra! É esse o papel, o respiro artístico! Depois de um tempo, veio para São Paulo, no Oficina. Emoção... Memória... Sentimento... Lembrança...

O MASP foi igual. O Chatô queria um prédio, mas eu tinha de preservar a vista do belvedere. Quando a gente analisa as dificuldades, a gente persiste! É nesse ínterim que brotam as saídas.

Acha que o vão livre é só por causa da boniteza? Eu coloquei lá só por capricho? Não, Érick... Eu mantive o encanto da contemplação... É parecido com os cavaletes de cristal que eu coloquei lá dentro: a ficha de cada obra de arte fica na retaguarda! Quem está lá trabalha comigo, constrói a obra junto com os artistas!

Obra inacabada! Obra co-construída! Obra emocionante! Obra lembrada!

Só assim o povo entra na arte: fazendo! A turma é poeta! É só ouvir a voz da calçada!"

O relógio não dava folga... O telefone tocou. Ela trocou duas ou três palavras em italiano, se desculpou muito e teve de ir...

Anos depois, em uma poltrona de couro caramelo, lendo o jornal, Erick viu a notícia de que um show de carnaval da Daniela Mercury, naquele mesmo vão livre, fizera o MASP balançar... Era o povo sendo lírico: pulando, cantando, rindo.

E o MASP sambou!

Erick sorriu. Uma pequena lágrima, tão furtiva quanto sublime, turvou seus olhos... "Como Lina teria ficado feliz com a poesia concreta popular!"

38

Alma

Lembram lá atrás quando falei de Walter Gropius e da escola Bauhaus de arquitetura e design? Eu até usei uma fonte não-serifada, que rimava mais com o sabor modernista... Lembraram? Faltou um detalhe que, de tão importante, era a alma daquela história.

Para contar essa história de som e fúria, precisamos de uma trilha sonora especial. Intensa e solene. Emoção pura. Sinfonia n. 2 de Gustav Mahler, "Ressurreição"! Para quem gosta, e eu aprecio bastante, que tal uma taça de vinho? Uma dose de whisky? Uma cachacinha?

Sabe qual é a alma da Bauhaus? Era a Alma... Alma Mahler, cujas artes criativas explodiam pelos poros numa chama de crise e caos. É nesse solo revoltoso que as mais belas flores criativas podem ser cultivadas. Dia a dia, disciplinadamente, sob as lágrimas e os risos.

Alma era filha de um grande pintor vienense, Emil Jakob Schindler. O lirismo era seu parceiro de vida. Seu humor, como o dos grandes artistas, era um café forte de torra escura: amargo e delicioso. Perfumado e inacessível aos incautos. Um alerta: "não se aproxime, mas, se for, vá até o fim"!

Quando os europeus pensavam na América, eles tremiam de medo. A Europa era o cosmos, o controle, a linha reta. A gente era o caos, o imponderável, a curva... Alma tinha essa selvagem essência americana... Um tigre que nunca se domestica!

Compositora desde criança, casou com seu grande mestre, Gustav Mahler! Surpresa! Ele queria que ela fosse bela, recatada e do lar. Nada contra! Se alguém quiser ser feliz assim, eu acho lindo. Mas esse nunca foi o caminho dela! Gustav queria engaiolar o tigre! Felinos não são canários...

Brigas! Explosões! Gritos! Ranger de dentes!

Quanto mais Gustav abafava Alma, mais ela o feria em busca de ar, de liberdade, de criação!

Sabe as sinfonias de Mahler? Foram compostas nessa atmosfera de perfume e fedor. Acho que por isso são tão estupendas! O estrume é adubo... O milho só vira pipoca quando passa pelo fogo! A pérola só nasce da ostra incomodada!

O casamento já ruía como pau a pique na tempestade. Antes que Gustav pudesse fazer algo para se redimir, ela conheceu Walter Gropius... Na verdade, ela conheceu muito bem! Tanto que, depois da morte de Mahler, se casaram.

E mais uma vez as cores de Alma brilharam! Ela não era arquiteta nem designer, mas a arte era o perfume que sua pele exalava. Sempre que vemos uma obra de Gropius, enxergamos a alma da Alma... Foi ela o fogo que fez a fornalha gritar! Ela era a corredeira que movia o monjolo!

Mas nenhuma alma inquieta consegue descansar... Aos poucos, a música de Walter não cabia mais na partitura de Alma... E assim como se conheceram, se desconheceram... Ela foi beber da lírica de um novo poeta, Franz Werfel, quando o cosmos europeu gestava o bolor nazista.

O caos aportou na América. Los Angeles. Alma caiu nos braços de anjos, embalada pela poética de Werfel.

Mas os ídolos nunca morrem, não é mesmo? Até o dia de sua morte, ela ainda prestava homenagem a seu grande mestre, tão incompreendido quanto genial, Gustav Mahler. Na lápide, até hoje, Alma Mahler-Werfel!

Alma iluminada, poética!

Alma LIVRE!

38

Diálogo entre Olhos

Trajes de gala. Meia-luz. Académie Française. Nurith Aviv acabara de receber a premiação da noite. Seu nome fora inscrito no panteão de honra daqueles que encontram lirismo nas imagens. A linguagem também é habitada por imagens, momentos, teceres imortais das objetivas.

De repente, seus olhos encontram os azuis de Sebastião. O tempo parou. Até as pequenas pérolas dançantes do champanhe bebido descansaram de seu balé sem fim. Nurith e Sebastião. Terras distantes, mas a mesma poética de imagens.

Na fotografia, assim como nas letras e em todas as artes, estamos sempre em busca de nós mesmos, Nurith! Parabéns! Esse champanhe delicioso, por exemplo, não tem nada de especial. É delicioso. É belo. Mas só isso.

Lá no Brasil, um poeta maravilhoso, Vinícius de Moraes, dizia que "é preciso de algo além da beleza. Alguma coisa que canta, que chora, que sente saudades..." Esse champanhe não tem isso. Falta o borogodó, como dizem lá em Copacabana.

Não é igual a Madeleine, que fez Proust enxergar todo o tempo perdido, toda a ancestralidade afetiva. Passa longe do Ratatouille, que levou Anton Ego numa viagem em busca da doçura infantil e familiar.

AFETOS!

Busque a "Gênesis" de como enxergar com as imagens. O "Êxodo", que não é qualquer fuga ou travessia: quem enxerga acaba enxergando a si mesmo. Só o nosso Amazonas interno é que deve ser vencido! Imagens...

Claro que o trabalho é essencial à vida humana, mas será que podemos falar dele sem entender a realidade dos "trabalhadores"? Aqueles que cortam a "terra" em busca do pão, ou os que, como saúvas, destroem tudo em busca do vil metal em "Serra Pelada"?

No fim, somos todos viajantes em busca de nós mesmos, de enxergarmos o espelho íntimo, caçadores de "outras Américas", para que possamos entender, no fim, que a liberdade, a igualdade e a justiça estão dentro, nas nossas margens. Esse é o nosso "perfume de sonho".

Quando encontramos esse "incerto estado de graça", entendemos que somos apenas fotografias. Somos "retratos de crianças no êxodo", naquela jornada, ainda por se concretizar, e que nunca terminará, em busca de nossa "África" ancestral: nossa alma, "o berço da desigualdade".

Olhos que conversam, na eternidade de um milésimo de segundo...

40

Deserto sem Respostas

Chega a ser engraçado, se não fosse trágico. Minhas ideias, que floresciam como lírios do campo, ressecaram em um profundo e silencioso deserto: um deserto sem respostas. Acho que a vida é assim mesmo. Atravessamos a aridez inóspita em busca de respostas que, de tão evidentes, acabam se tornando invisíveis.

O Otto Lara Resende contava uma história bem interessante de um senhor que morava há mais de 32 anos no mesmo apartamento. Lugar bonito, em frente ao mar de Copacabana. Sempre fiquei imaginando a biblioteca desse homem. Será que tinha tapetes? O que ele gostava de ler? Ele fazia as cruzadinhas? Lia o obituário?

Vamos voltar para o enredo. Aquele senhor morava lá há mais de 32 anos. 32 anos... Passava pelo porteiro todo santo dia. Cumprimentava. Até caçoava do futebol. Mas nunca parou para olhar de verdade. Acho que nem o nome sabia. De tanto ver, ele não via. Que coisa, né?

Um dia, entrou no elevador. 32 anos, veja bem. Não estou falando de 32 horas... Tinha um cartaz pregado lá. Foto do porteiro, bem grande. Morreu. Foi nesse instante que nosso protagonista descobriu seu nome, seu rosto... Descobriu que ele tinha família. Foi a primeira vez que aquele senhor enxergou o porteiro.

Na morte, enxergou. Puxa vida!

A história termina aí. Mas a gente entende quando vai desertificando tudo. De tanto ver, não vê... Sabe o caminho que a gente passa todo dia? Deserto. Sabe o que a gente só ouve? O grande silêncio que ecoa a falta de respostas.

Hoje, estou meio que escrevendo só umas ideias sem nexo. Talvez seja pela minha gripe. Gripe passa. Não é desculpa. Para quem já voltou do coma, o que é um estadozinho gripal? Quem sabe seja o cansaço. Escrever é meu prazer, e a fadiga passa lá longe, onde o vento assobia e faz curva.

Deve ser pela tensão do momento. De ver tanta gente hipnotizada, repetindo a ilusão desértica de um silêncio sem respostas nem ideias. Parece até uma zumbilândia. De tão óbvias, as respostas nunca são ditas. Pior, mentiras ganham a ribalta! Prefiro o silêncio ensurdecedor à sedução do canto das sereias, que leva à ruína e à morte!

MENTIRAS!

Mas, no deserto em que se tornou minha mente, parece até que estou vendo alguma coisa brotar. Um pingo de esperança no meio daquela secura da morte. Aquela que nunca resseca, nunca morre, a última no deserto.

ESPERANÇA!

UMA ROSA VERMELHA!

41

Décimo Terceiro

Hoje é dia de falar do Palmeiras! Palestra!

Eu adoro flanar. Na verdade, estava refletindo aqui, com meus botões, que se flanar é caminhar sem rumo, eu não sou bem um flanador... Sou um caminhante! Tenho destino certo, e faço meu caminho ao caminhar.

Por questões de saúde, física e mental, acabei me tornando um esportista bem amador. Nunca abdiquei dos prazeres da mesa ou da amizade em nome do culto vaidoso. Pelo contrário! Tão importante quanto o treino é o sorriso e o prazer.

Disciplina é Liberdade, sem dúvida. E, como Liberdade que é, ela nunca será uma chibata! Só quando temperada pelo equilíbrio é que a Disciplina é, realmente, disciplinada.

Mas, então, eu tenho, ao sair para caminhar, um objetivo bem definido. Claro que a flexibilidade faz parte do planejamento: devemos nos adaptar à realidade concreta, e não o contrário.

Aliás, sobre isso, tem um ditado judaico bem interessante: "Sempre que o Criador ouve nossos planos, Ele ri!". É claro! São tantas as variáveis. Tantas as possibilidades de mudança concreta...

O provérbio não é uma defesa da inconsequência e do hedonismo! Pelo contrário! Nossos planos devem existir, mas não devem ser como o carvalho que peleja com a tempestade. Eles devem ser mais como o bambu, que se deita, espera a violência das intempéries passar, e termina dançando com o vento...

De certa maneira, flano. É que começo a história pensando em um trajeto, e logo vou tomando outros atalhos, subindo novos montes, visitando desvios... Quando vejo, já estou perdido, longe de onde eu queria chegar. Sou um flanador das letras!

Mas a minha caminhada diária pouco tem de aventura. Não sou pessoa que goste disso. Meu fim está bem estabelecido. Quero ir até o clube Palmeiras, visitar os bustos dos grandes ídolos do passado e do presente...

O Divino Ademir da Guia, Marcão, Oberdan Cattani...

Interessante não ter nada do Vavá. Deve ser pela razão de ele nunca ter sido um verdadeiro ídolo do Verdão! A verdade é que ele foi o primeiro a conhecer as duras diatribes da realidade brasileira, e foi desbravar os campos europeus.

Para o Palestra, ele só veio para disputar a Copa de 1962. Só depois de 60 anos, em 2022, que Mbappé igualou o recorde dele, marcando em duas finais de mundial seguidas... Estranho a gente ouvir pouco de um ídolo dessa importância.

Saiu de Recife, conquistou a Europa, a América do Norte, e voltou para fazer a felicidade da gente brasileira!

É como dizem, né... A falta de memória é um projeto! O povo não esquece seus ídolos: os verdadeiros heróis da Pátria são, muitas vezes, encobertos pelas névoas turvas do esquecimento...

Os donos do poder, convenientemente, jogam as lembranças de valor no aterro do anonimato! Povo sem memória? Balela! Povo cuja memória foi violentada! Destruída!

Conhecedor das agruras e misérias brasileiras, e sempre preocupado com sua gente, Vavá se recusou a viver como um paxá despatriado. Não! Ele tinha raízes e, enquanto o são-paulino Mauro Ramos, repetindo o gesto imortalizado por Bellini, levantava a Jules Rimet, ele articulava nos bastidores da Seleção...Queria trazer para o sofrido e trabalhador povo do Brasil a chuveirada de alívio que ele tinha visto na Europa: o décimo terceiro salário!

Durante as comemorações, povo unido e feliz, uma série de recados começaram a ser passados para os que tinham a caneta: nossa gente precisava de algum sossego, ainda mais no fim de ano de tantas festas e comilança.

E as celebrações acabaram virando protestos! Sabe o mais legal? Vavá abandonou, por um tempo, a Jules Rimet e passou a levantar um megafone! Essa era a verdadeira taça que o selecionado de 62 queria trazer para o Brasil.

Até hoje pouca gente sabe... A verdade é que muito mais que uma Copa, o Brasil ganhou um pouco de Dignidade...

A Jules Rimet se perdeu... Mas o décimo terceiro, nosso troféu real de ouro, continua aí!

42

Il Neige

Em Florença a neve só cai de vez em nunca... É muito raro um inverno tão gelado que faça os flocos brancos despencarem dos céus como se quisessem pintar com traços brancos a escuridão da noite...

Na verdade, nem era tão tarde assim. Aquele balé cheio de beleza, mas vazio de temperatura, tinha acabado de começar... As noites, mais escuras e frias, cantavam como sereia, seduzindo todos à letargia!

Naquele escritório repleto de livros, de uma lareira fugia um pouco do perfume esfumaçado... Nada demais... Só o aconchegante cheiro do fogo e do calor... Ao canto, bem perto da poltrona de couro escuro, estava um gramofone, uma relíquia que ganhara de presente em Viena.

Era para lá que o maestro Zubin Mehta fugia depois das batalhas diárias. Já recolhido com suas ditas roupas de casa, arrumando o pequeno turbante parse, ele se aproximou da janela e, feliz com o milagre da noite, sorriu silencioso.

"Vela... Permita-me acender seu pavio com o Fogo Sagrado que continua ardendo em meu coração.

Bendito sejais Vós, Altíssimo abençoado. Agradeço-vos por me conceder a oportunidade da vida."

Serviu-se de um tanto de conhaque e, na mesma vela em que flamejava a chama Sagrada, colocou fogo em um retângulo de palha com que acendeu um charuto... Hábitos... A vida nos dá e, como relógio inconsciente, repetimos contentes... Nosso lar está lá...

Se sentou naquela poltrona, e, admirando pela janela, escolheu um vinil para preencher a noite com uma terapia musical: "Il Neige", do brasileiro Henrique Oswald. Ao ouvir aquele piano, enquanto a neve rala continuava suas piruetas pelo ar, ele refletia:

"Parecem pinturas de Kandinsky, Malevitch ou, talvez, Tamara de Lempicka...". Olhou para diversos livros e se lembrou de algumas exposições a que tinha assistido. "Esse piano parece um Maiakovski sem palavras... Como será que um brasileiro, do Sol e da água, conseguiu enxergar tão bem a neve?"...

Meditou mais um pouco...

"O mestre Zoroastro estabeleceu uma série de princípios éticos e rituais... Milênio depois, Nietzsche pegou uma coisinha disso e, com sua filosofia, escreveu o 'Assim falava Zaratustra'... Algumas décadas depois, Richard Strauss compôs uma bela música de mesmo nome..."

"O Zoroastrismo foi muito bem resumido na musicalidade... Mais algumas décadas e tudo fica ainda melhor... Stanley Kubrick juntou a literatura de Arthur Clarke com a música de Strauss... Hoje em dia todo mundo conhece 'a música do 2001'..."

"As Artes são A religião!"

"Coisa parecida aconteceu com a 'Cavalgada das Valquírias'... Wagner juntou várias lendas germânicas e compôs um ciclo de óperas... Lá no meio, essa peça preciosa. E um rapaz vai lá e coloca tamanha riqueza macabra no meio da cena de destruição de uma vila vietcongue por uma revoada de helicópteros estado-unidenses... Até hoje essa música é muito mais conhecida pelo 'Apocalipse Now' que pelo Ciclo dos Nibelungos..."

"Coppola, gênio!"

"E a beleza do 'Perfume de Mulher', então? Nunca vou esquecer um Al Pacino cego dançando tango ao som de 'Por uma Cabeza', do Gardel. Argentino, igual o Barenboim... Martin Brest conseguiu enxergar..."

A neve ia enfraquecendo, raleando, até sumir... O conhaque terminou, o charuto apagou, o disco silenciou e o maestro dormiu...

Sonhou?

43

Mar calmo, viagem Próspera

As histórias lendárias fazem parte da cultura oral humana: não há um único povo, uma única pessoa, que nunca tenha se lambuzado naquele melaço dos contos simbólicos. E, ainda mais! Como quem conta um conto aumenta um ponto, essas alegorias são sempre produtos coletivos: as pessoas, juntas, acabam dando passos que levam à trilha.

E será que esse caminho leva a algum lugar? Sempre! Mas depende de quem anda lá... O jeito como anda, as flores ou demônios que encontra... Ou seja, essas histórias e esses caminhos são feitos pelo caminhar humano! E cada passo, dentro de uma mesma estrada, pode levar a diferentes lugares.

Oásis ou deserto? Delícia ou dor? Nunca saberemos, a não ser que iniciemos, com coragem, os primeiros passos! É plantar essas palavras pensando em Guimarães Rosa, que ensinava que a vida exige coragem da gente.

CORAGEM!

Caos ou Cosmos? Acaso ou Destino? Desordem ou Ordem? No fim, somos só nós os responsáveis. Esse pecado original, tão coletivo quanto individual, que traz cores e sentido à construção humana.

Podemos escolher o Paraíso, mas insistimos em caminhar até a quentura e o enxofre. O Inferno não são os outros. Não! Somos nós!

Posso te fazer um convite?

Escute a música "Forever Green", de Tom Jobim. Nela, é imaginado um diálogo entre o Criador e a Humanidade, em que nos é questionado sobre o que fizemos com o Paraíso que Ele nos deu.

E nós, envergonhados, ficaríamos pelados, sem as roupas que escondem nossos verdadeiros desejos.

Pelados! Nus, com as mãos no bolso!

Quando vemos que a Amazônia está virando um deserto, um gelado sobe na nossa espinha.

Se Ele perguntar como transformamos a abundância verde em um oco deserto, o que vamos dizer? Será que vamos jogar o piche culposo nos outros? Será que vamos assumir as consequências? Será que teremos coragem para mudar o rumo da prosa?

Rola uma história por aí de que, quando Chaim Azriel Weizmann encontrou Oswaldo Aranha na ONU, ele teria afirmado: "Oswaldo, fique tranquilo! Você é do Brasil: terra abençoada e sem problemas. Lá nunca vai faltar água!".

"Where is the Paradise I made for you? Where is the green? Where is the blue?" deveria ter ecoado a bossa como uma resposta macabra...

O legal é que o povo humano, que está transformando a opulência verde em um descampado incandescente e sem água, também consegue construir beleza da feiura. No fim, a escolha é nossa.

Quando Felix Mendelssohn compôs "Mar calmo, viagem próspera", ele tentou, em uma mensagem artística e sublime, responder a seu pai Abraham.

O cuidadoso pai, com medo do grave antissemitismo comum a todo o Velho Mundo, renunciou ao judaísmo e educou Felix e toda a família na melhor educação luterana da época.

O sonho de Abraham era que seu filho tivesse uma vida tranquila e calma, sem sobressaltos, e sem sentir o sabor podre da exclusão, da injustiça e do preconceito.

Ele detestaria ver o pequeno e adorável Felix, o prodígio musical, sofrer acusações por crimes jamais cometidos.

No fim, o antissemitismo, além de todas as formas de preconceito, é isso, né? É a expressão da covardia em assumir os próprios desígnios. É jogar uma ilusória culpa nos outros.

Mas, voltando, a música do pequeno Mendelssohn mostrava que mares calmos e tranquilos nunca trazem prosperidade para a viagem. Aliás, é fantástico poder perceber isso com a sensibilidade musical.

Vou tomar a liberdade de fazer uma nova proposta. Vamos ouvir, com a sensibilidade da emoção e da alma, "Mar calmo, viagem próspera", de Mendelssohn?

Vamos, juntos, perceber os pedaços da música que soam como mar calmo. Esses, apesar de lindíssimos e etéreos, trazem uma monotonia quase insuportável. Já o trecho que retrata uma viagem próspera é intenso e cheio de contrastes.

É a pérola que nasce do caos! É a tâmara cultivada no deserto!

São as nossas escolhas!

44

Sinhá

Na corte da N´gola Nzinga, nas terras africanas do Dongo, havia um griô cego e já idoso... Ele era conhecido por conversar com a terra, com as águas, com os bichos e as plantas.

Os conselhos dele valiam como bananas: nada era mais importante para a vida que o alimento... Nada enchia mais a alma que a doçura...

Mas, no fim, ele só se ria... "Quem sô eu pra plantá novas ideia na Rainha? Quem sô eu pra indicar novos rumo pro Dongo? Eu só enxergo a mata, escuto os bicho, sinto as planta...".

"Sabe o vento frisando o chão? O perfume dele? Essa é a cantoria! Ele faz uma cantiga que m´ensina e alegra. É aí que eu canto! Tudo que eu repito, é a Natureza que me diz... O que plantá... Quando colhê... Onde caçá... Que época pescá... Tudo!"

"Eu não falo nada... Me basta escutá!"

De tão sábio que era, carregava a capa do leopardo. O principal griô de todo o Dongo! A rainha Nzinga se consultava bastante com ele, tanto que o escolheu como tutor de seu filho mais velho...

"O príncipe tem de ser um guerreiro corajoso, mas também tem de dar conta de falar o idioma do rio, a língua do mar, o dialeto animal e a toada vegetal!... Não é só na guerra que o Dongo enrica! Governar também é cevar o povo!"

Mas o príncipe guerreiro era bem diferente do ancião cego... Impulsivo, temerário e inconsequente, ele sentia, nas divagações de seu mentor, uma imensa perda de tempo! "O leão ruge e a floresta cala!", gostava de dizer!

Desprezava toda forma de escuta, de diálogo. Ele era como um trovão ou uma tempestade! Ria da miséria e pisava na humildade! O velho griô se sentia responsável por tanta falta de caráter... Decepcionado, triste!

Assim como os leopardos idosos, resolveu se retirar. Ir para o coração da mãe África... Seguir o rumo do rio, ouvir os pássaros, conversar com as feras... Sua mansidão seria o escudo de que precisava. Seu sorriso, sua espada!

Acontece que por mais insensível que fosse o sucessor de Nzinga, ele sentia enorme amor e respeito pelo sábio que o criara. Sabendo que o mesmo carvão é um diamante, antes de partir o ancião ofertou um amuleto para o guerreiro: uma figa, feita com o marfim mais puro trazido pelos mercadores do norte do Congo...

Aquela figa, guardada como um dos maiores tesouros de todo o Dongo, era a última lição que o sábio griô deixava: um convite para o guerreiro baixar as armas e elevar a alma para ouvir os sons populares...

Um convite para perseguir novos encantos, novas lições... Para subir mais os degraus dessa escada que nunca há de terminar: a ascensão do eterno aprendizado!

Numa refrega com um grupo de piratas holandeses, o jovem e incauto guerreiro acabou caindo prisioneiro, tendo sido vendido para mercadores portugueses, e trazido, sob grilhões, ao Brasil.

"Seu porte valerá vários contos no Valongo!" Mesmo em meio a tamanho sofrimento, ele conseguiu manter, pendurado em um cordão à volta de seu pescoço, o presente que ganhara... A tripulação do tumbeiro morria de medo de mandinga dos negros!

2 séculos voaram como baratas em meio a tanta sujeira.

No dia 4 de outubro de 1836, enquanto o povo se divertia com os festejos de São Francisco de Assis, era deixado, na porta de Mestre Amaro, um negro recém-nascido, apenas com um cordão em volta do pescocinho, segurando uma figa de marfim tão branco que amarelava...

Assustado, o Mestre olhou em volta... Tão escuro... Não se vê nem a alma... Pegou o menino chorão, o levou para sua tapera, esquentou um pouco de leite com rapadura e tentou alimentar a criança.

Logo em seguida, um pensamento começou a incomodar sua tranquilidade... O que faria? Seu rosto ficou ainda mais sério que de costume. Ele duvidava da própria ideia...

Pegou o chapéu e foi para o Engenho. Via, ainda, o fogo na pracinha, ouvia a sanfona, e sabia que festa ia longe! Aquela gente gostava de festa até o Sol raiá! Sorriu por poucos instantes...

Chegou no Engenho. Ao lado, o casarão do Coronel Lula. Bateu na porta... Três pancadas secas...

Pá! Pá! Pá!

Nada...

Olhou para o menino. Tudo parecia ir bem... Ele era mestre na doce arte de fazer o açúcar... Não entendia nada de bebês! E o pior é que corria na vila o boato que ele era lobisomem!

Ficou furioso! Era tratado como um excomungado por todos! Gentalha ignorante! Esmurrou a porta...

PÁ! PÁ! PÁ!

Ouviu, baixinho, alguém gritar: "Já vai!".

Abriram a porta. Era a mucama do Coronel. Apavorada com a visão do Mestre, ela empalideceu... "Num faiz mal cum nóis, seu Lobo..."

Enfurecido, ele deu tapa nela e gritou: "Lobisôme é a égua! Vai chama o Coroné! Anda!"

"Num posso! A Sinhá D. Maria vai ganhá nenê! Tá todo mundo lá esperando a moça!"

"Diacho, de uma hora pra outra todo mundo resolveu ficá de barriga", pensou, resmungando, o Mestre Amaro. Ele entregou a criança para a jovem e tímida mucama e contou o acontecido. Ele não podia criar ninguém. Já era velho e viúvo!

Olhou pro menino uma última vez e, sem nem falar com a menina, saiu...

"Tenho mais que fazê! Já não me falta aperreio, ainda ganho essa presepada! Só comigo!"

Nasceu! Como se rezava por São Francisco de Assis, à sinhazinha deram o nome de Francisca...

No dia seguinte, a mucaminha contou as novidades. Falou tudo, tim-tim por tim-tim. O Coronel Lula ficou meio ressabiado, mas D. Maria sentiu que era uma Luz do Criador...

Um recém-nascido que aparece justo no dia de São Francisco, na madrugada do dia de São Benedito, o religioso negro! Só podia ser um sinal! "Ele vai ser criado junto com a nossa Francisquinha! Francisco e Francisca, os gêmeos da alma!"

Coronel retrucou na hora: "Criá essa meninada toda junta num vai prestá! Ele vai tê a educação dos padre, virá um negro d´estima, mas vai mora lá na senzala...".

E a roda da vida foi circulando lá no Engenho Fogo Morto. As quermesses, as missas e a moenda eram como um calendário, que indica os dias... Assim, quase sem perceber, que os anos iam passando...

A educação jesuíta era boa, mas Francisco aprendia, de verdade, observando. Sentia o perfume do melaço, tinha prazer em esperar a cana dar caldo, lia a poesia da terra e sabia cantar com os animais...

Francisca? Ele se derretia quando a via, aos domingos, na missa. Chorava em iorubá, mas rezava por Jesus. Era assim que ia levando. Ela, infelizmente, parecia mais com o pai: quase não lhe dirigia a palavra e seu olhar, tão belo e azul, só enxergava o que reluz!

Um dia, encantado com uma sabiá, Francisco foi seguindo as sendas do arvoredo até chegar numa cachoeira. Tomou um susto ao ver Francisca lá se banhando. Encantado, se quedou em paralisia...

Nunca vira tamanha beleza. Os olhos tão azuis, como se fossem incapazes de fazer mal... A pele branca, como a figa de marfim que ele trazia no peito. Os cabelos dourados como os de sinhá d. Maria... E... Molhada, a túnica que a cobria se colava ao corpo, delineando os traços de uma sinhá ainda moça mas já crescida...

Claro que ele já tinha visto outras mulheres... Lá na senzala, ele sempre espiava. A mucaminha que o recebeu, alguns anos mais velha, já tinha, inclusive, ensinado alguns segredos do amor...

Mas aquela visão era completamente diferente! Ela, a donzela inalcançável, a beleza fria, o mármore gélido... Era ela que tomava banho ali! Era ela que tomava corpo de mulher... Era ela que sorria como um daqueles anjos da igreja...

ELA!

Ele sentiu algumas respostas em seu corpo... Ele também já não era o mesmo...

Foi nesse instante que observou uma serpente se avizinhando da doce sinhá... Resolveu agir.

SINHÁ!

Pulou na água e espantou a víbora que atrapalhara o mais sublime idílio já cantado por uma sabiá...

Ela gritou assustada! Francisco a estava espionando? Ela precisava mandá-lo para o tronco, talhar seu corpo... No entanto, hipnotizada pela gratidão por sua vida, e curiosa com o que via, se acalmou...

Ele também estava todo molhado, e as calças de linho cru faziam-se coladas e algo transparentes... A sinhá era uma moça humana... Francisco explicou tudo! Sabiá! Arvoredo! Serpente!

Ela, então, o perdoou. Aquele seria o segredo dos dois, mas que ele jamais voltasse àquela cachoeira... Um marco na vida tão monótona dos dois fora estabelecido: a partir de então trocavam olhares nas missas e palavras nas quermesses.

O melaço da cana que escorria da moenda parecia estar, aos poucos, se apoderando daquele jovem casal...Um amor doce, melado, brilhante... Um amor cor de terra, mulato como o Brasil! Um amor que ia esquentando até borbulhar!

E, assim como a vida que andava devagar por aquelas bandas, todo o sentimento dos dois, Francisco e Sinhá, foi evoluindo e florescendo... De olhares para palavras... De palavras para toques... De toques para encontros...

E eles eram tão jovens que, ainda bem, ainda viviam com a imprudência da pouca idade. Assim como quem faz uma figa não consegue empunhar uma espada, é livre de armas e de preconceitos, quem é dócil na idade ainda não consegue enxergar toda a maliciosa realidade.

D. Maria, a sinhá-dona, já tinha reparado em tantas mensagens. Mandou chamar a sinhá-moça Francisca e foi seca: "Você irá para o convento Carmelita, em Salvador, amanhã".

Desesperada, Francisca correu sem rumo... As lágrimas escorriam desde aqueles azuis olhos por suas bochechas de Carrara... Como iria viver sem Francisco? O que faria? De onde emanaria tamanha doçura? Quem conversaria com os pássaros? Quam saberia da terra e das plantas? Qual o motivo de tamanha crueldade?

Correu e procurou... Procurou... O encontrou lá no arvoredo, conversando com os passarinhos. Seu pai, o Coronel, já tinha contratado jagunços para darem cabo daquele "negrinho abusado". Era preciso correr...

Não! Não fizemos nada de errado! Eu não vou fugir!

No meio das árvores, longe de tanta confusão, ele mirou a figa de marfim. Branca como alabastro... Como a pele de Sinhá! Começou a chorar em iorubá gemendo: "Não vou!"

Sinhá, então, tomou coragem e fez a voz dela ecoar a suave mensagem que a brisa trazia: "Pergunte para o seu Orixá! O amor só é bom se doer! Vai! Vai! Vai!"... "Não vou!"...

Quando os jagunços chegaram, encontraram Sinhá catatônica, com a figa na mão. "E o negro? Covarde! Fez mal pra menina e fugiu!" "Ele não fugiu... Agora, ele é o canto do sabiá, o sumo do caju!"

Anestesiada, Francisquinha foi levada para o convento em Salvador... Tinha delírios constantes com o arvoredo, o caju, a cachoeira e as sabiás... Diziam que tinha sido mandinga de preto que enfeitiçou Sinhá...

Pouco depois foi ela, também, voar no canto das sabiás... Se embevecer no suco do caju!

Alteridade e Sabedoria

Alteridade... Outrar...

Talvez seja a palavra mais linda da última flor do Lácio. Não é uma beleza que se vê! Não! Somente enxergamos enquanto escutamos. Chega a ser um pouquinho igual aquela sonata que o Beethoven compôs pra Débora... A gente escuta com o coração. A gente enxerga com a alma...

Alteridade é o Luar!

Quando a gente está bem cômodo, sentimos a comodidade. É o mesmo com a alteridade: quando a gente chega no topo da montanha e se dá conta que já está bem áltero, sentimos a alteridade.

Não é vestir os chinelos do outro! Pelo contrário! É SER o outro... Ou, pelo menos, tentar. Na verdade, ninguém é o outro. Mas a gente pode dar os nossos pulos. TENTAR!

E o mais interessante é que na jornada em busca do álter, do outro, a gente se altera! A gente aprende a enxergar, escutar, sentir, saber novas coisas. É igual o ferro-brasa que beija o gelo: TTTCCCHHHH!

De repente, adeus vermelho, adeus quentura, adeus gelo, adeus gelado! Sobra água e ferro escuro, nada mais é como antes. Só a saliva daquele beijo tão incandescente quanto gélido.

Imagina uma floresta. Qualquer uma. Dois amigos vão juntos pela trilha. Eu não sei em que vocês pensaram, mas a minha floresta é daqui dos Trópicos. Coisa nossa. Perigos, quentura, umidade e beleza. É complicado de respirar. Cada formiga é um mindinho. Pernilongos, malária, cobras! Eu nem consigo andar naquele terreno de folhas, raízes e lama.

Um deles cai em um buraco! Puta desgraça! Lugar imundo, sujeira e terra que entopem os ouvidos e a boca... O que o outro faz? Alteridade é pular no buraco para inspirar o outro a sair de lá com sua própria força, autonomia e estratégia.

Não é anular ninguém, fazendo tudo e um pouquinho mais. É exaltar o outro deixando que ele brilhe ao resolver, com todo nosso apoio, sozinho, suas questões: ALTERIDADE!

Sabe uma encruzilhada? Que caminho tomar? Essa dúvida sempre atormenta a gente. Será que eu tô falando das estradas ou da vida? A gente sempre se pergunta... Pra onde ir? Todo mundo quer dar um pitaco... Vai por ali! Vai por aqui! E eu, igual um José Régio, só sei que não vou por aí!

A única bússola possível é aquela que Gavroche planta no nosso coração: seguir pelo caminho longo, mas curto, guiado pela Alteridade.

É igual aquele conto do Borges em que o personagem se encontra consigo mesmo mais velho... Uma guerra entre os cabelos escuros e os prateados. Um diálogo duro e doce entre o eu e o eu. E você foi feliz? Próspero?

A única prosperidade não é a tranquilidade? A paz feliz?

É isso... Paz é Prosperidade! Paz é...

ALTERIDADE!

45

Aroma de Saudades

Hoje em dia a turma cria os filhos diferente. Na minha época, não... Acho que tudo era mais simples, mais verdadeiro, mais genuíno... Não sei... É o saudosismo que vem tomando conta de mim. Acho que acontece com todo mundo: a gente vai ficando velho e meio bobo...

Mas é que, de verdade, tem umas coisas que eu não entendo! Meus sobrinhos mesmo: é um tal de não pode comer isso, não pode com aquilo, que me dá até gastura. Vocês acreditam que eles ficaram anos sem açúcar? Qual o sentido disso?? E café, então? Acho que até hoje não tomam...

É por conta desses modismos modernosos que nossas tradições vão se perdendo... Que que custa dar pra criança um bolo de fubá e um cafezinho? Um bolinho caipira? Sabia que eu era recém-nascido quando minha vó Tereza me colocava no colo, fazia uma papinha de miolo de pão, manteiga e café e me dava?

E eu tô aqui até hoje, não é?

Acho que já contei aqui como eu adorava assistir os jogos de futebol com meu pai. A gente ficava num quartinho e ele fumava um cigarro atrás do outro. E eu tô aqui! Nem fumar eu fumo... Eu até ganhei uma memória deliciosa: sempre que sinto aquele cheiro da fumaça eu lembro de tudo. Parece que o cheirinho me leva de volta...

Pra mim, fumaça de cigarro é o perfume das saudades!

Não era futebol, mas nas Olimpíadas de 1992 em Barcelona foi a mesma coisa. A TV ligada, o cigarro do meu pai acesso... A fumaça deixava uma névoa tão boa no quarto! Marcelo Negrão fez ponto! Brasil foi ouro! OURO!

As memórias são o nosso ouro. Sempre que sinto aquele cheiro, vou para o alto do pódio...

Lá na minha vó Tereza era igualzinho. Domingo cedo. TV ligada no Ayrton Senna. Tema da vitória. O macarrão ia saindo junto com o assado. E o Senor Abravanel chegava no 4. Eu adorava. Pião. Baú. Show de Calouros. De noite tinha a semana do presidente. Como será que tava o Sarney? E a inflação?

Sabe o que também aprendi com ele? Que o ouro vale mais que dinheiro! Que toda pessoa tem uma beleza pra gente enxergar! Aprendi a aprender com tanta beleza!

Esse é o ouro: enxergar e aprender!

Ouro das Saudades... Eu ainda sinto aquele perfume. Tanta coisa misturada... Mas sempre ela, a fumaça do cigarro... E ouço também... Vozes da tia Julinha, tia Mara, tio João, tio Fernando... Voz do Sílvio!

Fumaça de Cigarro é o perfume da nostalgia! Voz do Sílvio e do Lombardi são os sons da lembrança! O Sílvio Santos lá, lá iá lá iá....

Pra quem mal tinha compromisso na segunda-feira, o domingo nunca tinha nada de depressão...

Pelo contrário! Era o dia mais gostoso...

Kol Hakavod, Senor!

46

Platero

Não sei bem como foi...

Nem lembro direito em que escritório a gente tava! Acho que era na Comedoria do SESC Pompeia. Era lá sim!

A memória é esse suco da verdade. Os fatos só existem pelo que a gente experimenta. Como um suco de caju! Será que falta doce? Será que amarra a boca? Será que tá aguado? A gente tem de tomar para descobrir se tá no ponto!

De repente a gente vai esquecendo os detalhes, misturando os acontecidos, mas a lição fica. Eu não lembro bem onde nem quem. Só lembro da conversa... E, aos poucos, fui juntando as pecinhas desse quebra-cabeças para conseguir enxergar a cena toda.

Ou seja, o acontecido pouco interessa! A certeza é o saci que prega peças na gente! O legal é essa dúvida que aos poucos vai sendo dissipada. Parece até aquele nevoeiro de beira de estrada...

É como dizem: neblina que baixa é Sol que racha!

Então a gente tava lá na Comedoria falando sobre a Lina. O Zé, o João e eu, como sempre. Não tem como entrar no SESC Pompeia sem falar dela. É um tributo que a gente paga à genialidade.

É igual no MASP... A gente entra, fica boquiaberto com o vão livre, com o concreto bruto, e se encanta com a sutileza sublime dos cavaletes de cristal.

Força e Beleza unidas. Tempestade e calmaria. Essa era a Lina.

O concreto também é poético, dizia o João.

Isso! O Zé, como de costume, falava com um resmungo. A gente nunca adivinhava se era a casmurrice ou o sotaque... A gente tem de aprender a língua de tudo! Tudo ensina: a gente tem que aprender a aprender!

O idioma em que sou mais fluente hoje é o dos olhares da Pilar! Depois de tanto juntos, se eu não o soubesse, era frito tal qual as sardinhas na brasa de Lisboa.

Luz Boa! Lisboa é a Salvador da Europa! O André que é calado, né Zé? Como que a gente aprende com isso?

Quem é calado, observa. Quer aprender. Quem quer aprender, também ensina. Sabe os nossos personagens? As nossas tramas? Tudo é ensinamento. Lembra do Nelson Rodrigues? A cada livro, história, ele ia aprendendo, ficando mais rico, mais complexo, mais ele... Cada um deles... Sabe os atores de teatro? Os leitores? A plateia? Todo mundo vai aprendendo...

Eu não sou calado, João. É que quem fala demais dá bom dia a cavalo. Não posso fingir costume nessa mesa... Salvador é a Roma negra!

Mas Lisboa é a Salvador européia!

Lá na península a gente tem a lenda do Platero, um burrico extremamente simpático e gentil. Ele aparece, inclusive, em vários livros meus.

Vamo trazer o Platero pro Brasil, André?

"Platero é pequeno, peludo, suave, tão macio por fora, que se diria todo de algodão." Olha a singeleza disso. Um burro, de trabalho bruto e pesado, mas de algodão, suave e carinhoso. Essa é uma lição! Essa é A lição!

Tempestade e Calmaria! Mar calmo não faz viagem próspera, mas tempestade leva todos para os braços de Netuno! Platero é aula de harmonia, de equilíbrio!

Balaão se recusava a aprender com os sinais. A jumentinha precisou falar pra ele entender... Ele precisava enxergar, mas se recusava a perceber o quadro todo. No fim é isso! A gente precisa é estar aberto aos sinais, aos símbolos. Precisamos falar o idioma além das palavras...

Precisamos ouvir os burricos, as jumentinhas!

47

Luzes na Noite

A lua completamente prateada iluminava o gramado naquela noite gostosa de outubro... Noite de alegria! Desmontamos as tendas que serviram de morada enquanto atravessávamos o deserto de nós mesmos. Será que encontramos oásis?

Algumas fogueiras davam o ar festivo àquela noite tão escura que iluminava. Comigo eu parecia ouvir a música de tantas memórias, saudades e sonhos. Sanfonas, clarinetes, pandeiros e tambores. Cirandas dançantes e comemorativas... Comidas? Bolinhos e pasteizinhos assados, frutas, alguns docinhos... Tinha até uma invenção nossa... Um tipo de vitamina: banana, leite, mel e paçoca!

Nos céus um ponto de Luz parecia descolado da Lua. Um rabicho de Sol em plena escuridão noturna. Dava impressão de se aproximar... O que era isso que ninguém nunca tinha visto? Uma mancha iluminada que dançava na noite... Desenhos da imaginação no céu!

Se fosse dezembro eu até pensaria em Papai-Noel, mas era outubro e nem na Venezuela estamos! Quem sabe não eram os espíritos do Natal passado, presente e futuro, daquele conto do Charles Dickens?

Comecei a pensar nisso, sem tirar os olhos daquela Luz que, lentamente, vinha em nossa direção. Se fosse um espírito de Natal, de certo ele deveria gostar de música, dança e comida. Era um festeiro! Certeza! Tá certo que estávamos longe de pensar nisso, mas, no fim, com tanta alegria, quem se importa?

Interessante que quanto mais perto ela estava, menos eu via mas mais eu enxergava! Que tipo de Luz era aquela que dava nitidez às visões d´alma? A mesa era deliciosa, a música e a dança animantes! De mãos dadas todos rodopiávamos em volta da fogueira.

Cheirinho de madeira queimada... Sabores das saudades e perfume dos sonhos... Sorrisos, cantoria e muita dança. Gente unida!

Vou tomar um copo de leite com mel!

48

Shofar

Quarta-feira passada eu fui na Hebraica resolver algumas questões. Sempre que vou para lá, quando olho para o muro da Igreja do Calvário, vejo um painel maravilhoso do Kobra. Aquelas imagens produzem em mim um efeito sinestésico, quase sonoro... Uma convocação para olhar meu coração e enxergar a humanidade coexistindo.

Após estacionar (Na verdade, eu não estaciono nada! Nem dirigir, eu dirijo! A Ana Rosa que costuma me levar...) vamos passando por aquela alameda em frente às quadras. É bem gostoso. Sempre tem um amigo tomando um cafezinho, comendo um pão de queijo, para gastar um tostão de prosa.

Não importam os compromissos: sempre deve haver tempo para um café com sorrisos e amigos!

Continuando pelo corredor, tem uma frase bem marcante do Janusz Korczak que diz mais ou menos o seguinte (confesso que não me lembro bem das palavras exatas): "Se você pensa no amanhã, plante trigo. Se você pensa nos anos vindouros, plante árvores. Mas, se você pensa no futuro, eduque as gerações."

Logo em frente a ela, um outro painel do Eduardo Kobra em que há mãos e a palavra "chai"... Mãos semeando vidas, poderíamos pensar. Que diálogo artístico... Um lirismo de palavras e imagens que edificam poesias. Amizade, alimento, natureza e educação são a base da nossa existência.

A cada olhar, um toque, um pensamento, uma reflexão, um alarme que não se ouve, porém se escuta.

Sabia que já faz quase um ano que comecei a escrever esse livro? Era um novo ciclo, tempo da semeadura! No meu primeiro texto, "Beethoven enxergou o Luar", eu dava pistas sobre um novo ano que se avizinhava. Eu falava da Lua, da Chalá especial... Claro que sempre de maneira cifrada, como em tudo que costumo falar... Tipo o Mestre dos Magos!

Era um tempo em que as trevas do terror ainda não tinham obscurecido toda a nossa caminhada. Acreditávamos que a Paz chegaria calma, como uma resposta exata a tudo o que almejávamos...

Infelizmente, há muito mais entre os Céus e a Terra do que imagina nossa vã filosofia, diria Shakespeare pela boca de Hamlet. Acho que os sons do shofar também nos chamam a essa reflexão... Nada na vida, nem a Paz, lamentavelmente, é automática.

A humanidade precisa semear, coletivamente e diariamente, para que todas as belas flores desabrochem. Sabe os murais do Kobra? Aquelas cores, todas diferentes entre si, mas que, unidas, dão vida a uma mensagem maior?

Acho que no fim é isso... Podemos pensar no toque do shofar como uma convocação à união.

JUNTOS!

IACHAD!

49

Respostas...

Autista bebe?

Assim abriu o almoço naquela tarde´inda chuvosa. Foi lá no MASP . Conhece a Baianeira? Não quero fazer jabá. Longe de mim. Mas é um dos restaurantes mais inclusivos de São Paulo.

Não sei, respondi. Só sei que eu sou cachaceiro. Ninguém tem sangue mineiro impunemente, brinquei!

Duas doses de Francesinha, então. Dois pastéis e duas feijoadas. Esse é um almoço nenhum pouco ortodoxo, quase que um segredo, uma confissão, um pacto entre amigos. Talvez longe da razão, mas perto da fraternidade e da emoção.

E o que você tem escrito?

Depois do meu último livro, alguma coisa mais técnica. Eu também sou pesquisador, cientista, educador! E você?

Não sei... Eu não sou nem um pouco racional... Não acredito na verdade... Só nas histórias... Depois do meu último livro, comecei a trabalhar num conjunto de crônicas e contos para levar o leitor a entender a epidemia de solidão e de doenças emocionais...

Isso também é Educação!

Não sei... É uma história. É desapego. Você já ouviu klezmer? Já sim. O que isso tem a ver?

Pensa... Um grupo, um coletivo. Uns tocam clarineta, outros violino, outros cantam. E o que dá? Música!!! Vai mais uma Francesinha? Mais duas, por favor! Tipo o Chorinho...

O espírito não tá na solidão. Claro que a gente precisa ficar sozinho às vezes. Refletir, meditar. Buscar nas cavernas do nosso interior a luz escondida do nosso eu. Mas a Beleza é algo que se faz junto... JUNTO!

Essa feijoada só é boa porque tá acompanhada da cachaça, da pimenta, da farofa, do arroz, da laranja... Tudo junto!

E se a gente começasse a fazer isso? Um coletivo de escritores com deficiência? Não é a minha nem a sua! Todas são da gente! Tipo um grupo de klezmer? Mais duas Francesinhas?

Isso! Vamos?

Jacob do Bandolim tocando klezmer?

Arte... União... Fraternidade... Beleza!

50

Absurdo!

- Absurdo você fazer isso, Aldir! Porra! Que merda! Marquei consulta com você, psiquiatra, tomei o endereço do consultório, e quando chego aqui me deparo com essa bodega! Eu devia desconfiar... Quem busca o lirismo da humanidade com a música não consegue ser sério...

- Calma, Di! Até parece que você não busca, com suas pinturas, a poesia do povo... Eu aprendi a fazer isso com você. Na "Samba" você me ganhou: dá pra sentir o batuque da sensualidade na tela. Toma uma comigo e sossega o faixo. Você, Di, ensinou o Brasil a enxergar o Brasil! Desde o catálogo de 22 até o "Baile Popular", é puro suco da gente. E aqui, a gente pode pedir umas e outras, comer uma moelinha acebolada, ouvir os sons do mundo...

- A poesia da rua... O canto da calçada! A canção das nossas raças, como diria o Pinheiro! Ou você, com o Mestre-Sala...

- Eu sabia que você ia se acalmar. O que a gente vai tomar? 2 cachaças pra abrir o apetite? Um torresminho? Sabe o João? Quando a gente tava escrevendo o "Corsário" ele, com aquela musicalidade gigante, queria ser o primeiro a plantar uma nova era. Acho que deu pra sentir na letra, né?

- Acho que deu mesmo. A ancestralidade do mar salgado, uma certa metáfora das ondas, nossa história de tanta luta, expropriação e amor! Puta música! Apoteose pura! Quando o Oscar desenhou o sambódromo ele deve ter ouvido vocês!

- E visto seus quadros! Certeza que viu! Lógico! Só se enxerga o Brasil depois de Di Cavalcanti! Mas, fala, você veio para uma consulta ou não?

- Sério que você quer falar disso aqui?

- Muito sério! Esse aqui é o melhor consultório que se pode querer. Vários pacientes meus já vieram aqui. Eu já falei: a sensibilidade popular faz parte do diagnóstico e do tratamento. Estar aqui, nesse ambiente, é um santo remédio!

- Só me preocupam os efeitos colaterais disso...

- Não me vem com essas de puritano! Quem pintou como você, quem escolheu temas tão nossos, não tem o direito disso!

- Sabe o que é, Aldir? O Brasil tá queimando... Calor, fumaça, secura. Cadê o paraíso que a gente sonhou? Tomo mundo fica escondido, guardado por D´us, contando o vil metal. Cadê a alteridade brasileira? Cadê as mãos dadas? Cadê o povo? Eu vi quando você compôs "O Bêbado e o Equilibrista". Vi o "Mestre-Sala dos Mares". Vi esses hinos guiando a gente rumo à Democracia! E agora, Aldir? É só selvageria, cada um por si... Acho que cansei desse Brazil. Quero o nosso Brasil!

- Isso não é com psiquiatra, infelizmente... No fundo é seu coração chorando de saudades do porvir... Virá? Não sei...

Acordei do desmaio. Vagão lotado. Desorientação...

51

Senhor Brasil

Chora viola!

Lenta e calmamente anuncia o causo que se avizinha...

Lá nas terra da dona Maria Antônia, lugar em que a peleja comeu sem cerimônia, o asfalto deita e a carraiada buzina! A barulhada reina... Ahhh... Como seria bão um canarinho em veiz do busão!

Era hora de almoçá! Eu tava comendo meu parmeggiana! Nenhum queijinho, nenhuma branquinha lá... Uma brahma que parecia a canela do pedreiro! Essa tinha. Então, de repente, uma estranheza sucedeu...

Uma dona, um corotinho, um corisquinho que não parava de falá, veio. Atrás dela um branquelo, meio gordo e desengonçado. Sabe o bicho da goiaba? Era ele... Só ouvia. Quase não falava.

Quando entrô nem sei se percebeu!

Era uma prova! Diacho! Já achei que ia dá prosa.

Ele só queria uma broa e um café. A fome que reze pra quem num tem fé! E eu, só de butuca. Minhas oreia que parecia uma cumbuca! Ovia aquela dona e o rapaz. Quem come queto ganha em paz!

Ela decidia tudo. Num é que escolheu o mesmo que eu? Só a loira ela dispensô! No fim, nem broa, nem quejo, nem prosa, nem nada... Parmeggiana e água! E ele, sem falá, engolia, pra num dizê patacoada.

Acho que me conheceu... Seus óio num saía d´eu! Pelo jeito que levava conhecia o riscado da roça. Quem ia pedí uma broa e um café? Parecia até troça! Naquele Sol de queimá os miolo com as buzina e o asfalto queimando o pé?

Eu tava na gelada. A dona num admitia! Num pudia sê homi bão quem bebe isso em vez do pão!

Ele num parecia acreditá! Será que nosso Senhor tinha um telegrama pra mandá? Me conhecia de fato! Acho que gostava de filme, de música e de mato! Era eu, sim. Só que num tava na Pompeia...

E ele? Pela cara, nunca tinha ouvido o galo! Sabe um jeito de leite e pêra? Mas... Tinha algo lá... Um cabra escamoteado ou um caboclo de cór? Só sei da prova... Ia sê dotô, sem êra nem bêra!

Foi tratá das dentadura. Tinha calma, nunca teve pressa... Na saída, ainda comentô: vontade duma rapadura! Olhô pra mim. Seus verde nos meu azul. Eu abri a boca pra falá: e uma paçoca? Num ia faltá!

Ele sorriu e a dona também. Balançô o rosto e fez como quem pega no chapéu: Bão! Só deu tempo deu respondê: bão! E lá eles se perdero como quem vai pra Belém! Nunca mais vi, nem soube...

Saí logo depois... Terminei de cumê e fui andá. Isso é bom pra matutá... Eu, Rolando Boldrin perguntava pros passarim...

Será que virô dotô? Será que voltô pra lida? Cumé que deve de tá levando a vida? Isso num tem importância! Só sei que aprendi! E deve de te dado uma boa lição tudo que fiz!

Enxerguei que só o simples faz feliz!

52

Utopia

Hoje estou finalizando esse livro. Faltam ainda 2 capítulos que já foram escritos anteriormente: não se completará a mensagem sem a leitura deles dois. Entretanto, é bem curioso que eu tenha iniciado essa conversa falando de Beethoven, e que agora, ao finalizá-la, trate dele de novo.

Na verdade, ao longo dessa jornada, vários gênios foram homenageados. Mas, se a gente refletir bem, bem mesmo, a verdadeira homenagem foi para o gênio coletivo da Humanidade.

Sabe quando cada individualidade, com suas vantagens e desvantagens, se associa às outras, de modo que as limitações de umas sejam complementadas pelos pontos fortes das outras, e vice-versa? É nessa hora que surge a genialidade humana, a criatividade da gente!

É igual à música "Todos Juntos", dos Saltimbancos. Ela canta: "Todos juntos somos fortes/Somos flecha e somos arco/Todos nós no mesmo barco/Não há nada pra temer/ Ao meu lado há um amigo/ Que é preciso proteger/ Todos juntos somos fortes/Não há nada pra temer...".

Sabia que essa música foi inspirada em Beethoven? E que a obra prima dele, a nona sinfonia, em especial seu quarto movimento, a Ode à Alegria, foi a musicalização de um poema de Schiller que falava justamente sobre a necessidade de todos se darem as mãos para construírem estruturas sociais mais sustentáveis, inclusivas e justas?

Cada um diferente do outro, celebrando as diferenças e cantando a inclusão! É nesses ambientes diversos e plurais, em que todos deixem a passiva posição de meros espectadores para assumir o protagonismo de seus próprios destinos, que a criatividade floresce e produz seus mais saborosos frutos: as inovações do bem viver, do bem-estar social!

A Utopia é isso, no fim. Sabemos que ela nunca será alcançada, mas como Eduardo Galeano, ecoando as lições de Cervantes no Don Quixote, podemos reafirmar que ela é o combustível de nossos passos rumo ao progresso.

Oscar Wilde também, à sua forma, dava concretude à imagem utópica. Para ele, todos nós, individualidades, estamos na mesma caravela, singrando os sete mares em busca daquele único porto em que vale a pena desembarcar. Na jornada enfrentamos tempestades e calmarias, mas a certeza da chegada nos mantém embarcados, navegando...

Ou seja, no Saltimbancos, a música e a temática de "Todos Juntos" foi inspirada em Beethoven: todos irmanados, cada qual com suas características, remando o mesmo barco rumo à Utopia!

No fim, acho que a utopia mesmo é essa: todos juntos, de mãos dadas.

Utopia é a esperança humana!

53

Minha Alma canta sempre que Caminho junto ao Povo Judeu!

Sinceramente? Eu não sei o que seja "ser um judeu"...

Para Amos Oz, talentoso escritor e idealizador do movimento pacifista Paz Agora ("Shalom Akhshav"), a base do judaísmo está no sentimento, nos vínculos de afeto criados com a comunidade e com a cultura.

Para ele, judeu é quem se sente judeu!

Já segundo os requisitos para a Lei de Retorno de Israel ("Aliá"), judeu seria, no mínimo, um neto de judeu... Essas regras estariam baseadas no princípio relembrado pelos pais fundadores do Estado de Israel, segundo o qual, "quem era judeu o bastante para ser arrastado para os campos de extermínio, também o deveria ser para ser aceito em Israel".

Seria eu um judeu, então?

Meus vínculos com o povo judaico são tão grandes como meu coração, animado que são por elos inquebrantáveis de Amor, Ternura e Amizade. Bebendo nas definições lírico-poéticas de Amos Oz, não há dúvidas de que eu seria um judeu já que me sinto judeu...

Entretanto, meus vínculos de sangue são tão etéreos como a poeira das naves, que séculos atrás, trouxeram os farrapos dos Naves, após o seu martírio, a sua tortura e o seu aniquilamento pelas fogueiras odiosas da inquisição...

Ou seja, eu não cumpro, nem de longe, os requisitos para a "Aliá"... Dificilmente eu seria considerado suficientemente judeu para ser enterrado nos calabouços odiosos do extermínio.

Ainda assim já sofri ataques antissemitas, e senti na pele alguns, por menores que sejam, dramas típicos da tão nobre gente judia.

Ou seja, as barreiras sociais originadas no lamaçal fedorento da ignorância, do ódio, dos preconceitos existentes, são as mesmas que enfrentamos.

Compartilhamos o fel amargo das taças da incompreensão, mas também a doçura do mel e a substância do pão, alicerces da nossa vida em comum.

Aliás, o Talmud ("Mishnah Sanhedrin") diz que "Aquele que salvou uma vida, salvou o mundo inteiro", demonstrando que, ainda que a Cultura seja essencial à existência de um povo, o sentimento de pertencimento que devemos ter é aquele que nos liga à Humanidade!

Sou um Judeu? Não sei...

Sou um ser Humano? Com certeza!

Vamos Juntos, lado a lado!

54

Não Tenho Lágrimas...

Nat "King" Cole admirava demais a cultura brasileira. O sorriso o acompanhava sempre que ouvia a musicalidade de nossa poesia, a cordialidade de nossa gente, e a maneira gentil com que ele sempre fora tratado.

Isso sim era uma democracia racial, um império do amor e da benquerença. O rei era um negro também, que com a bola, escrevia poesias populares de profunda beleza... Era impressionante! Toda criança, não importa a origem, vestia a camisa 10 canarinho como se fora um sagrado manto da majestade, o "Rei Pelé"!

E a palavra "saudades", então? Ela é, por si só, uma flor rara e preciosa, uma beleza surpreendente e poética de poucas letras, um samba de uma nota só... Foi para tentar desbravar seus ocultos sentidos que o "rei" Cole escreveu um singelo samba...

E que samba!!!!

Puxa vida! Tantas vezes são os outros que nos apontam os nossos mais importantes valores!

As saudades ganharam temperos novos aqui no Brasil. É uma palavra da língua portuguesa, mas seu significado é tão nosso que na nossa bandeira poderia estar escrito: "Terra do povo saudoso!".

É que é isso, sabe?

O banzo deu aquela ponta de angústia a ela. Essa é a cultura popular brasileira: juntamos o banzo e as saudades, e escrevemos, juntos, os mais bonitos significados... Da dor nasce a Flor!

Saudades... Memórias... Uma ponta de angústia, mas muita esperança e desejo de agir! Essa é a boniteza da saudade!

Dia desses, 20 anos depois, eu e um grande amigo decidimos voltar a um restaurante que tinha dado um significado a mais a nossa vida estudantil...

Enquanto eu cruzava as redondezas uma ponta de angústia dominava meu coração... Quero chorar! Não tenho lágrimas! Saudades do caminho que nos trouxe até aqui e que nos levará ao desconhecido...

Saudades...

Memórias...

As pedras de ontem viraram o poema de hoje!

Sabe o mais impressionante? O mesmo garçom nos serviu. Pedimos o mesmo prato, as mesmas sobremesas, licores exatamente iguais...

As chamas torravam os grãos de café mergulhados naquela taça de sambuca romana e os aromas do passado nos visitavam... Ao mesmo tempo, ouvíamos a música do futuro, com toda a sua força, nos chamando...

Saudades... Futuro!

É isso que eu quero... Só isso e TUDO ISSO!

É A VIDA SIMPLES OU NÃO É?